창의성교육과 인성

창의성교육과 인성

홍길회·한민아

CREATIVITY EDUCATION

동문사

머리말
Preface

바야흐로 우리는 5차 산업혁명시대를 대비해야 하는 시점에 살고 있습니다. 4차 산업혁명 시대 기술의 혁명적인 진보로 인해 사회가 빠르게 변화하면서 우리 삶의 모습에도 많은 변화를 가져왔습니다. 디지털 혁신이 사회적인 혁신으로 이루어지는 과정은 인간들의 사고와 생활에 많은 영향을 미치고 있으며, 이렇게 급속히 이루어지는 변화 속에서 다양한 문제점이 야기되고, 새로운 방식으로 대처해야 할 상황들이 많아지면서 문제해결을 위한 창의적이고 융통성 있는 사고가 더욱 필요해지고 있습니다.

단순히 문제해결이 아닌 새로운 것을 창조할 수 있는 힘과 나아가 삶의 의미와 가치, 인간으로서의 존재를 일깨울 수 있는 능력으로 국가 경쟁력의 핵심이면서도 개인 행복의 원동력이 될 수 있는 창의력의 계발이 그 어느 때보다 요구되고 있습니다.

4차 산업혁명시대를 살아가는 데 반드시 갖추어야 하는 소양으로 꼽히고 있는 창의력은 타인과 더불어 살아가는 데 필요한 사회적 인성과 함께 발휘될 때 더욱 가치가 있습니다. 즉, AI로 대체할 수 없는 인간 고유의 감성과 가치를 중시하는 인성적인 소양과 공감하고 소통하며 대인관계를 유지하는 능력을 바탕으로 복잡한 문제를 더욱 창의적이고 능동적으로 해결함으로써 진정한 사회적 공헌이 이루어질 수 있을 것입니다.

미래사회는 필요한 핵심능력으로 창의적인 문제해결력과 더불어 타인과 협력하는 능력, 소통하고 공감하는 능력 등 사회·정서적 능력도 함께 요구하고 있습니다. 따라서 새로운 시대 인재상인 創材(창재)의 개념에는 정서적인 교감을 유도하는 공감능력을 갖춘 차세대 리더의 의미가 포함되어야 할 것입니다.

한편 인간발달에 있어 결정적인 시기인 영유아기의 교육이 중요하듯이 창의·인성교육에 있어서도 유아기는 결정적 시기가 되고, 이 시기를 책임지는 교사들의 역할은 매우 중요합니다. 이것이 영유아교사를 양성하는 단계에서부터 창의·인성교육이 중요시되어야 하는 이유이기도 합니다.

창의성 증진의 비법을 궁금해하는 교사나 학부모에게 먼저 해줄 수 있는 말은 '차라리 꺾지나 말라.'는 것입니다. 아이들의 있는 그대로의 무한한 창의적 잠재력을 믿어주고 내면의 동기와 잠재력을 이끌어 자신이 원하는 탁월한 삶을 살 수 있도록 도움을 줄 수 있는 부모와 교사의 관심이 필요하다는 의미가 될 것입니다.

창의·인성교육이 효율적으로 잘 이루어지기 위해선 먼저 인성을 갖춘 교사 자신이 창의적이 되어야 할 것입니다. 적어도 창의성의 본질을 알고 창의적인 교사가 되려고 노력함과 동시에 창의적인 환경과 교수방법으로 아이들의 창의성이 계발될 수 있도록 준비하는 자세가 중요하다고 하겠습니다.

따라서 교사 양성 단계에서 다룰 창의성교육의 내용은 교사 자신의 경험을 통해 창의력을 증진시켜 봄으로써 실제 교육 현장에서 교수 전략을 세울 수 있는 역량을 기를 수 있는 내용으로 구성되어야 할 것입니다.

본서는 교사뿐만 아니라 학부모, 나아가 일반인들의 창의성과 인성 향상에 필요한 내용을 바탕으로 많은 활동을 실제 해봄으로써 창의적 사고력과 문제해결력을 증진하는 데 중점을 두었습니다.

누군가에게 창의성은 꾸준한 습관의 힘이기도 하고, 노력하는 삶에 주어지는 멋진 능력이기도 할 것입니다. 창의력 계발을 통하여 인간의 삶의 질을 높이는 데에 기여할 수 있기를 바랍니다.

끝으로 본서를 출간해주신 동문사 대표님을 비롯하여 책의 완성도를 높여주느라 애써주신 편집부 및 관계자 여러분들에게 감사의 말을 전하고 싶습니다.

2023년 5월

저자

차 례
Contents

PART Ⅱ
창의성과 인성의 증진

6 Chapter 창의력 훈련방법 235

창의성교육과 인성

PART Ⅰ

창의교육과 인성의 이해

CHAPTER 1
미래사회와 창의 · 인성교육

01 사회 변화의 이해

최근 4차 산업혁명이 사회를 대변혁의 물결로 이끌고 있다. 4차 산업혁명은 상상을 초월하는 속도로 전파되고 있을 뿐만 아니라 변화의 규모에서도 엄청난 변화를 보이고 있다. 4차 산업의 핵심은 초연결, 초지능 및 융복합이다. 주요 기술로는 인공지능(Artificial Intelligence), 사물인터넷(Internet of Things), 차세대 통신기술(Fifth Generation communication technology), 로봇, 블록체인, 드론, 3D(Three Dimension) 프린터, 빅데이터, 무인 운송수단, 바이오 공학, 신소재, 공유경제, VR/AR(Virtual Reality/Augmented Reality) 등이 있다.

4차 산업혁명의 물결은 사생활에 대한 인식, 소유권의 관념, 소비의 패턴, 일과 여가에 사용하는 시간, 경력을 쌓고 역량을 개발하며 사람을 만나는 방식 등 우리의 정체성을 비롯하여 그것과 관련된 모든 사안을 근본적인 수준에서 바꾸어 놓고 있다. 그러나 4차 산업혁명은 장밋빛 전망으로 충만한 것은 아니어서 기술의 혁신은 낮은 임금을 받는 단순 직업과 높은 임금을 받는 첨단 직업으로 노동시장을 양분할 수 있을 뿐만 아니라 심지어 기계가 노동자를 대치함으로써 노동시장을 붕괴시킬 수도 있다(Schwab, 2016).

이러한 대변혁의 물결에 빛과 그림자가 공존한다는 것은 부정하기 어렵지만 인간의 가치와 윤리에 바탕을 두고 그것을 도전의 기회로 바꾸어야 한다. 빠르게 변화하는 사회에서 우리는 변화에 순응하고 적응할 줄 아는 자세가 필요하며 더 나아가 변화를 주도하는 사람이 되어야 한다.

미래사회가 자라나는 세대의 무대라면, 사회의 변화가 요청하는 미래의 역량을 모색하고 자라나는 세대에게 그것을 길러주는 일은 당면한 과업으로 받아들여지지 않을 수 없다(박채형, 2022). 특히 교사는 통합과 연계가 미래의 교육과정을 특정 짓는 중요한 단초가 되며 그것과 결부된 능력을 갖추도록 노력해야 한다.

지능정보 역량, 융합·통합적 교육과정 재구성 역량, 협업과 의사소통 역량, 네트워크 역량, 공동체 역량, 감성 역량 등이 교사가 갖추어야 할 자질이다. 이를 위해 순차적인 지식 암기 및 습득보다는 유연하고 탄력 있게 대처할 수 있는 창의적 사고 역량과 인성 역량에 중점을 두는 새로운 교육 패러다임이 필요하다. 따라서 미래의 역량 중에서도 비판적 사고력, 창의력, 인간관계를 유지하는 능력, 협업의 능력 등이 강조되고 있다.

TIP 동영상 자료

[뉴스브릿지] 미래의 일자리 변화, 어떻게 대비할까?
(https://youtu.be/cirgHJ8Yj7E)
EBS뉴스(2022.05.23.)

1) 미래사회의 특징

4차 산업혁명 시대는 인터넷과 SNS, 가상현실 등으로 연결된 초현실 사회이다. 디지털 세상에서는 우리의 생각과 행동이 전 세계에 실시간으로 공유되고 영향을 미치기 때문에 다른 사람과 공감하고 소통하는 능력은 매우 중요하다.

특히 메타버스는 현실에서의 상호작용을 가상공간에 구현한 여러 가지 형태나 콘텐츠들을 통칭하는 신조어다. 컴퓨터와 콘솔 게임으로 모니터를 보며 즐기던 2차원 게임 방식에서 3차원 체험형 가상현실, 증강현실, 혼합현실, 확장현실로 형태가 급속도로 진화 중이며, 단순히 엔터테인먼트 분야에 국한되지 않고 기업과 산업 현장에 적용되어 메타버스를 이용해 설계와 공정 작업 등 현장에서 보다 입체적이고 정밀한 작업을 수행할 수 있게 되었다.

또한 최근 가상인간의 활동은 기존 인간의 영역을 위협하는 수준으로 전개되고 있다. 버추얼 인플루언서(Virtual influencer)는 인공지능과 컴퓨터 그래픽을 합쳐 만든 가상의 인플루언서다. 초기 홍보 마스코트 개념으로 시도된 가상인간은 소셜미디어를 통한 팬덤 형성을 시작으로 인플루언서화되면서 신제품 발표, CF 모델, 심지어 드라마 출연까지 하는 수준이 되었다.

오픈 에이아이(OpenAI)가 개발한 대화 전문 인공지능 챗봇인 ChatGPT는 사용자가 대화창에 텍스트를 입력하면 그에 맞춰 대화를 함께 나눌 수 있다. 질문에 대한 답변은 물론 논문 작성, 번역, 노래 작사·작곡, 코딩 작업 등 광범위한 분야의 업무 수행까지 가능하다는 점에서 기존 AI와는 확연히 다른 면모를 보이고 있다.

최근에는 네이버의 인공지능(AI) 음성-텍스트 변환 서비스 '클로바노트'의 사용량이 급증했다. 대학생들의 이용 증가가 그 배경으로 일상으로 파고든 AI가 대학교 강의실 풍경마저 바꿔 놓고 있다.

이처럼 디지털 혁신 속도가 빨라지고 비대면, 메타버스 등 가상공간과 관련된 신기술이 대거 개발되는 것과 발맞춰 가상인간의 개발과 활용도 늘어나고 있다.

이러한 기술 발전은 우리에게 편리함을 안겨주었지만, 그에 따라 발생하는 여러 가지 문제도 외면할 수 없다. 기술의 진보와 세계화, 세대와 계층 간 갈등으로 인해 사회는 물론 산업 현장에서 발생하는 문제들이 갈수록 복잡해지고 있다.

따라서 이와 같은 불확실하고 복잡한 문제를 창의적이고 능동적으로 해결할 수 있는 문제해결 능력과 함께 공감하고 소통하며 인간관계를 유지하는 능력이 요구되고 있다.

TIP 메타버스(Metaverse)란

'가공, 초월'의 의미인 Meta와 '세계'를 뜻하는 Universe를 결합한 메타버스는 '현실세계와 같은 사회 · 경제적 활동이 이뤄지는 가상공간'을 말함. 비대면 소통과 디지털 융복합이 가속화되면서 4차 산업혁명 시대의 핵심으로 급부상함. 기술과 플랫폼의 진보가 융합하는 메타버스는 일상의 삶에 큰 영향을 주고, 현실의 생활도 메타버스를 통해 재현되거나 더 확장될 전망.

TIP 다양한 실감형 기술과 최근 동향

종류	최근 동향
가상현실 (VR)	현실과 유사한 가상세계를 제공하되 현실 세계와는 차단된다. 트라우마를 비롯한 다양한 증세를 극복하는 디지털 치료제로 유용하다.
증강현실 (AR)	증강현실게임인 '포켓몬 고'처럼 휴대폰으로도 쉽게 전할 수 있고, 회의 · 교육 · 의료 · 쇼핑 분야에서 폭넓게 이용한다.
혼합현실 (MR)	다수의 카메라로 찍은 동영상을 캡처해 360도 모든 방향에서 콘텐츠 구성이 가능한 기술이다.
홀로그램	홀로그램 기술을 적용해 실감 공연, 전시 등을 제작한다.

2) 미래사회의 인재상

디지털의 정보화와 학문과 기술의 융 · 복합으로 인해 사회의 변화를 예측하는 것이 점차 어려지고 있으며, 이에 따라 인재상에도 변화가 이루어지고 있다. 급변하는 미래사회에 적응하고 창의적인 사고로 다양한 분야의 지식을 융합하여 일상생활에서 발생하는 문제를 해결하기 위해서는 통섭 · 융합형 인재가 필요하다.

미래사회에서 요구하는 인재가 갖추어야 할 핵심역량은 창의융합역량이다. 창의성은 한 영역의 전유물이 아닌 다양한 분야와 연계된 요소로서 문제해결의 핵심 요인이며(이소희, 2020), 융합은 다양한 학문과 배경 지식을 활용하여 새로운 가치를 창출하는 도구로써 활용된다.

창의융합역량은 고차원적 사고를 바탕으로 다양한 분야의 지식, 기술, 경험을 융합하여 새롭고 유용한 결과를 도출해 내는 역량(강주희, 2016)으로 규정하거나, 문제 상황에서 고정된 틀을 탈피하여 다른 영역의 지식과 기술을 창의적으로 융합하여 해결방안을 주도할 수 있는 역량으로 설명된다(이경화 외, 2021).

창의융합형 인재가 갖추어야 할 역량에는 자아정체성, 자기주도학습능력, 공동체 의식 및 타인과의 협업 능력 등이 필요하다. 다니엘은 미래에는 스토리, 조화, 공감, 놀이가 강조되며 창작하는 사람, 타인에게 공감능력을 갖는 사람들이 필요한 하이컨셉 또는 하이터치의 시대가 온다고 하였다(홍길회, 2018 재인용). 자신에 대한 올바른 인식과 긍정적인 믿음은 인간관계를 형성하는 바탕이 되며, 직무 수행에 영향을 미치고 삶을 살아가는 원동력이 될 수 있다.

결국 AI 시대에 요구하는 창의융합형 인재는 급변하는 사회의 전반적인 상황을 통찰하는 역량과 문제 상황에서 융합적이고 창의적인 사고를 통해 새로운 가치를 창출할 수 있는 역량, 자신에 대한 긍정적인 인식과 타인을 존중하며 공동체의 협력을 이끌고 스스로를 관리하고 점검하는 자기 주도적인 역량을 갖춘 인재라 할 수 있다.

이를 바탕으로 미래사회의에서 필요한 인재상을 정리해보면 다음과 같다.

첫째, 주어진 문제에 집중하고 창의적으로 사고하여 합리적으로 결정하는 인재가 필요하다.

둘째, 복잡한 정보화 사회에 유연하고 적응적인 사고를 가진 인재가 필요하다.

셋째, 다른 사람의 관점으로 세상을 바라볼 줄 알고 다른 사람을 먼저 생각하며 배려하는 인재가 필요하다.

넷째, 도덕적 상상력이 풍부한 인재가 필요하다.

TIP 미래 핵심 역량

인지적 역량(지식)	기술적 역량(기술)	인성적 역량(태도)
• 기초적 문해력: ICT 문해력 과학기술 문해력 글로벌 역량 • 디지털 문해력	• 의사소통 및 협업 능력 • 복잡한 문제해결 능력: 비판적 사고 시스템적 사고 창의력 • 리더십	• 대인관계: 공감과 배려 능력 인간관계 기술 • 자기관리능력:

출처: 박경종 · 강마리아(2021). 4차 산업혁명시대 핵심역량. 동문사.

02 창의 · 인성교육의 필요성 및 방향

1) 창의 · 인성교육의 개념

창의 인성교육은 미래사회를 이끌어갈 인재를 양성하는 교육 체제로, 교육 현장에서 많은 관심을 받고 있다. 창의 인성교육은 창의적인 사고와 인성을 함께 강화하며, 사람으로서의 성장과 발전을 촉진하는 교육 체계이다.

창의 인성교육은 지식과 기술만으로는 해결하기 어려운 현대 사회의 문제를 해결할 수 있는 인재를 양성하기 위한 교육 체제로, 학생들이 사고력, 창의력, 인성, 책임감, 협력심 등을 강화하고, 문제해결 능력과 리더십 등의 역량을 키우는 것을 목표로 한다.

창의 인성 · 교육은 학생들이 다양한 경험을 통해 자신의 역량을 개발하도록 하며, 자기주도적인 학습 방식을 지향하고, 문제를 발견하고 해결하기 위한 능력을 키우며 자신의 능력을 발휘하고 적극적으로 참여할 수 있는 환경을 제공한다. 또한, 창의 인성교육은 학생들의 자기계발과 인간성을 강화하도록 지도하며, 타인과의 관계에서 협력과 배려를 중요하게 생각하도록 돕는 역할을 한다.

2) 창의 · 인성교육의 필요성

우리 사회는 인공지능(AI), 사물인터넷(IoT), 로봇기술, 드론, 자율주행차, 가상현실(VR) 등이 주도하는 차세대 산업혁명인 4차 산업혁명 시대에 접어들었다. 점점 스마트하게 진화하는 세상에서 우리가 인공지능(AI)의 서포트를 받으며 편리한 생활을 누리는 사이 AI가 인간 일자리의 상당 부분을 대신하고 있다. 하지만 잃은 일자리보다 더 많은 일자리가 새롭게 생겨나고 있으며, 기술의 발전과 비례하여 인공지능이 진화한다고 하더라도 절대 침범할 수 없는 인간의 영역은 필요하다. 대체 불가능한 탁월함, 차별화, 다양성이 필요하다.

이러한 대체 불가능한 탁월함과 차별화를 위한 우리의 자세와 원칙을 정리하면 다음과 같다.

첫째, 미래에 대한 지속적인 관심과 능동적으로 만들어갈 수 있다는 생각이 중요하다.

4차 산업혁명을 이끌어가는 것은 과학기술이지만 첨단 기술들은 인간이 어떻게 제어하고 활용하느냐에 따라 결과가 달라질 수 있다. 4차 산업혁명도 결국은 사람이 하는 것이기에 기술보다는 인간의 관점에서 4차 산업혁명을 바라보아야 한다.

둘째, 4차 산업혁명은 빠른 변화를 가져올 것이므로 변화에 대한 적응력과 대응이 중요하다.

미래에는 학교에서 배웠던 지식이나 기술만으로는 결코 평생을 살아갈 수 없다. 지식과 기술도 수명이 있고 끊임없이 새로운 지식, 새로운 기술이 쏟아질 것이므로 늘 새로운 것을 배우고 받아들이려는 자세가 필요하다.

셋째, 변화를 꿰뚫어 보는 통찰력(Insight)을 기르고 미래를 예측하는 자세가 필요하다.

모든 변화에 대해 세심하게 관찰하면서 당장 눈에 보이는 현상보다는 보이지 않는 본질을 파악할 수 있는 통찰력을 길러야 한다.

넷째, 다양한 관심을 갖고 분야를 넘나드는 융합을 추구하되, 자신만의 전문성을 가져야 한다.

다른 사람보다 잘 할 수 있는 한 분야의 전문성, 그리고 인공지능 기계가 대체하기 힘든 인간으로서의 능력을 갖춘다면 세상이 아무리 변화해도 세상을 이끌어가는 인재가 될 수 있다.

마지막으로 인문학적 관점을 갖는 것이 중요하다.

인간은 왜 사는가, 또 어떻게 살아야 하는가에 대한 끊임없는 질문과 성찰이 필요하다. 기술문명이 아무리 발전하고 인공지능이 인간 능력을 넘어선다고 하더라도 인문학적인 질문에 대한 답을 주지 않는다. 궁극적인 삶의 목적과 의미는 인간 자신이 스스로 찾아야 한다.

이러한 능동적 자세, 변화에 대한 적응력과 통찰력, 융합적이고 창의적인 사고력, 인문학적 관점 등이 바로 창의성과 인성의 요소들로서 창의성과 인성교육이 필요한 점이기도 하다.

창의·인성은 예측 불가능한 미래 경쟁 사회에서 미래의 가치이면서 국가의 핵심 경쟁력으로 창의적 인재를 양성하는 것이 국가적 과제가 되었다(김응자 외, 2020). 현재 창의·인성과 연관성이 깊은 문제해결력과 융합적·통합적 사고력 및 협업능력을 키우기 위한 교육과정 및 교육 방법의 개발이 강조되고 있으며, 앞으로 창의성과 인성은 생존의 문제로 따뜻한 인성과 창의성을 갖춘 창의인재 양성을 위한 새로운 이정표

를 만들어야 할 것이다(홍길회, 2018 재인용).

현대 사회는 지식과 기술뿐만 아니라 창의력과 인성적 역량을 가진 인재들이 더욱 필요해지고 있다. 이는 다양한 문제에 대처하고, 미래사회의 변화에 유연하게 대처할 수 있는 능력을 갖춘 인재들이 필요하기 때문이다.

따라서 창의·인성교육이 필요한 이유는 다음과 같다.

첫째, 문제해결 능력을 강화한다.

창의 인성교육은 문제를 발견하고 해결할 수 있는 능력을 강화한다. 이는 미래사회에서 다양한 문제를 해결할 수 있는 능력을 갖추게 하며, 사회 발전에 기여할 수 있는 인재로 성장할 수 있도록 돕는다.

둘째, 인간성을 강화한다.

창의 인성교육은 인간성을 강화하도록 지도한다. 이는 타인과의 관계에서 존중과 배려를 중요하게 생각하며, 자신의 가치를 발견하고 존중할 수 있는 인재로 성장할 수 있도록 돕는다.

셋째, 협력을 강화한다.

창의 인성교육은 협력을 강화하도록 지도한다. 이는 타인과 함께 일하며, 문제를 해결하는 데 적극적으로 참여할 수 있는 능력을 갖추게 하며, 협력적인 인재로 성장할 수 있도록 돕는다.

넷째, 미래사회에 적극적으로 대처한다.

창의 인성교육은 미래사회에서 필요한 역량을 갖추도록 지도한다. 이는 기존 지식과 기술만으로는 대처하기 어려운 문제를 해결할 수 있는 능력을 갖추게 하며, 미래사회의 변화에 적극적으로 대처할 수 있는 인재로 성장할 수 있도록 돕는다.

이렇듯 창의 인성교육은 종합적인 역량과 성장을 촉진하며, 미래사회에서 필요한 인재를 양성하는 데에 매우 중요한 역할을 할 것이다.

3) 창의 · 인성교육의 방향

창의성교육에 인성을 더하는 이유는 개인이나 집단이 발휘하는 창의력이나 문제해결은 반드시 인류복지와 평화발전에 도움이 되어야 하기 때문이다. 긍정심리학의 대표적 학자인 칙센트미하이(Mihaly Csikszentmihalyi)는 '창의성이란 일종의 정신작용으로서, 특정인의 머릿속에 일어나는 통찰력으로 사람의 머릿속에서 우연하게 일어나는 것이 아니라, 사람의 생각과 사회문화적인 배경 사이의 상호 관계에 의해 형성되는 것이다.'라고 하였다(김응자 외, 2020). 즉 창의성은 사회문화적 맥락에서 가치있고 실현 가능한 독창적 사고 또는 문제해결능력으로 도덕과 윤리가 뒷받침되어야 한다.

창의 · 인성교육이 필요한 이유는 주어진 문제에 대해 스스로 문제를 해결하고자 노력하는 과정에서 발생할 수 있는 여러 도덕적 딜레마를 나눔과 배려를 통해 극복해야 하기 때문이다. 창의적 성취는 혼자 이루는 것이 아니라 협동과 경쟁의 조화를 통해 얻어지기 때문에 협동, 소통의 중요성이 강조된다. 따라서 창의 · 인성교육은 창의성교육과 인성교육의 독자적인 기능과 역할을 강조하는 동시에 두 교육의 유기적 결합을 통해 올바른 인성과 도덕적 판단력을 구비한 창의적 인재를 육성하는 것이다(문용린 외, 2010).

미래학자들은 인공지능이 인간의 직업을 대체하는 상황에서 21세기 글로벌 인재가 갖추어야 할 특성으로 인간만이 가진 감성, 휴머니즘을 강조하고 있다. 다니엘 핑크(Daniel Pink, 김명철 역, 2006)는 미래에 창작하는 사람, 타인의 공감능력을 갖춘 사람이 필요한 하이컨셉 또는 하이터치의 시대가 온다고 하였다. 즉, 미래에는 스토리, 조화, 공감, 놀이가 강조되고 물질적인 축척보다는 일의 의미가 중요한 사회가 된다고 하였다. 따라서 창의 인성교육에서 필요한 사람은 감성을 자극하여 정서적인 교감을 이끌어내는 공감능력을 갖춘 차세대 리더라고 말할 수 있다.

우리나라에서도 2012년 누리과정 시행과 더불어 창의와 배려의 조화를 통한 인재육성을 위한 창의 인성교육 방안이 발표되어 유아교육 현장에서는 창의 인성교육에 관심을 기울이고 있다. 한국과학창의재단(2014)에서는 학생들의 꿈과 끼를 키울 수 있는 학교 창의 교육을 실현할 완결구조구축을 위한 맞춤형 지원은 물론, 개인의 꿈과 끼를 키울 수 있는 학교 밖 창의교육총괄지원체계를 마련하여 교육기부활성화를 통해 사회 전체의 창의 인재 양성 체계를 구축하고 있다.

미래사회는 다양한 학문과 기술들이 융합되어 새로운 지식과 가치를 창출할 것으로 전망되며, 상대방의 마음을 알아차리는 공감능력, 서로의 다름을 인정하며 소통할 수 있는 능력, 스스로의 감정을 인식하고 자기 조절할 수 있는 능력, 더불어 살아가기 위한 협동능력, 합리적인 의사결정 등 사회적 인성과 더불어 인간의 본성을 잃지 않으면서도 당면한 문제를 창의적으로 해결할 수 있는 능력 등이 더욱 요구된다(홍길회, 2018 재인용).

따라서 창의 인성교육의 방향은 다음과 같이 제시될 수 있다.

첫째, 문제해결 능력을 강화시킨다.

문제를 발견하고 해결할 수 있는 능력을 강화하는 교육 방법을 적극적으로 도입한다. 이를 위해 다양한 문제를 제시하고, 자율적으로 해결할 수 있는 기회를 부여하여 문제해결 능력을 촉진한다.

둘째, 인간성을 강화시킨다.

인간성을 강화하는 교육 방법을 도입하여 타인과의 관계에서 존중과 배려를 중요하게 생각하는 가치관을 전달하고, 자신의 가치를 발견하고 존중할 수 있도록 지도한다.

셋째, 협력을 강화시킨다.

협력심을 강화하는 교육 방법을 도입하여 팀을 이루어 문제를 해결하거나, 다양한 활동에 참여하도록 유도하여 협력적인 인재로 성장할 수 있도록 지도한다.

넷째, 창의성을 강화시킨다.

창의성을 강화하는 교육 방법을 도입하여 자율적인 창의적 활동을 유도하고, 자율적으로 아이디어를 발전시킬 수 있는 기회를 부여하여 창의성을 촉진한다.

다섯째, 기술과 지식을 강화시킨다.

기술과 지식을 강화하는 교육 방법을 도입하여 현실적인 문제를 해결하는 데에 필요한 기술과 지식을 적극적으로 습득할 수 있는 교육 기회를 제공한다.

여섯째, 진로를 탐색하게 한다.

진로 탐색을 적극적으로 지원하여 다양한 진로 정보를 제공하고, 자신의 관심과 역량에 맞는 진로를 탐색할 수 있는 기회를 제공한다.

일곱째, 자기주도적 학습을 한다.

자기주도적 학습 방법을 지도하고, 스스로 자신의 학습목표를 설정하고, 직접 학습계획을 수립할 수 있는 기회를 제공한다.

한편 창의 인성교육의 시기에 관해 살펴보면 다음과 같다.

최근 수년간 창의·인성교육의 중요성에 대한 인식이 지속적으로 확산되고, 유아교육 현장에서도 창의·인성교육에 대한 관심이 크게 확장되고 있는 추세이다. 발달적 관점에서 창의·인성은 전 생애를 통해 발달이 가능하지만 특히 유아기의 경우 사고와 언어를 관장하는 전두엽이 활발하게 발달하면서 호기심이 많아지고 상상력이 풍부해지기 때문에 창의성 및 인성 계발에 최적기라 할 수 있다.

무엇보다 유아기부터 창의성교육을 시작해야 하는 이유는 유아기의 사고가 유연하고 아이디어가 유창하기 때문이다. 가드너(Gardner, 1993)도 인간은 각자 뛰어난 창의적 잠재력을 가지고 태어나는 영역이 있음을 강조하면서, 유아기에 다양한 활동과 경험을 제공하여 그들의 타고난 능력과 흥미를 발견하는 것이 필요하다고 하였다.

따라서 유아기의 창의·인성교육은 일상적으로 이루어지는 포괄적인 교육으로서 유아교육기관의 교육 활동, 방과 후 창의적 체험활동, 가정교육 등 다양하고 종합적인 접근을 통해 체계적이고 지속적으로 이루어져야 할 것이다.

03 창의·인성교육의 가치

창의·인성교육이란 21세기 인재의 핵심역량인 창의성과 인성, 혹은 이들의 융합된 역량을 계발하여, '새로운 가치를 창출하고 동시에 더불어 살 줄 아는 인재'를 양성하는 미래 교육의 본질이며 궁극적인 목표를 가진 교육전략이다(교육과학기술부, 2011).

창의·인성교육은 자아실현과 사회에의 공헌을 목적으로 하며, 자아실현이란 자신이 타고난 잠재력을 충분히 계발하여 되고자 하는 사람이 되는 것을 말하고, 사회에의 공헌이란 성인으로 성장하여 창의적인 작품을 생산해 사회의 제 영역에 발전을 가져오도록 하는 것을 말한다(강충열 외, 2017).

창의 인성교육의 가치는 개인적 측면의 가치와 사회적 측면의 가치로 나눠볼 수 있다.

먼저 개인적 측면의 가치를 살펴보면 다음과 같다.

첫째, 개인의 삶과 성장에 긍정적인 영향을 미친다.

창의 인성교육은 인간적 가치를 중시하며, 자기계발과 성장에 긍정적인 영향을 주는 데 중요한 역할을 한다. 개인의 잠재능력을 통해 가능성을 실현하며, 풍요로운 삶을 살아갈 수 있다.

둘째, 현실적 문제해결 능력을 강화시킨다. 창의 인성교육은 문제해결 능력을 강화하는 데 큰 역할을 한다. 창의적인 사고력을 기르고, 현실적인 문제를 해결하는 능력을 향상시킬 수 있다. 이를 통해 미래에 직면할 문제에 대처하는 능력을 기를 수 있으며, 현실적인 문제를 해결하는 데에도 유용하게 활용할 수 있다.

다음 사회적 측면의 가치를 살펴보면,

첫째, 사회적 책임감을 강화시킨다.

창의 인성교육은 사회적 책임감을 강화하는 데 큰 역할을 한다. 타인을 배려하고, 사회와의 관계를 형성하며, 공공성을 이해하는 능력을 강화할 수 있다. 이를 통해 민주주의 사회에서 살아가는 데에 필요한 기본적인 민주주의 교양을 습득할 수 있으며 다양한 사회문제를 해결하여 사회에 공헌할 수 있다.

둘째, 미래의 성공을 위한 역량을 강화할 수 있다.

창의 인성교육은 미래에 성공하기 위한 역량을 강화하는 데 큰 역할을 한다. 창의적인 사고력, 문제해결 능력, 협력적인 태도, 사회적 책임감 등을 기를 수 있으며, 효율적인 인적자원을 활용하여 기술적 혁신을 불러올 수 있으며 다양한 분야의 지식과 정보의 융합이 가능해진다. 이를 통해 사회의 존속이라는 측면에서 미래에 직면할 성공과 과제에 대처하는 능력을 키울 수 있다.

따라서 창의 인성교육은 인격과 사고력을 강화하고, 현실적인 문제를 해결하는 능력을 기르며, 사회적 책임감을 강화하여 미래에 대비할 수 있는 역량을 강화하는 데에 큰 가치가 있다.

TIP AI와 차별되는 인간 고유의 감정

AI와 인간이 학습할 때 가장 큰 차이점은 감정이다. 인간은 AI처럼 잠을 자지 않고 일하거나 공부할 수는 없고, 수많은 오류와 실수를 범하며 무기력이나 고통을 느끼기도 한다.

반면 흥미로운 대상에 대해서는 끊임없이 알고 싶은 호기심이 생기고, 깊이 몰입할 때는 더 높은 수준 과제에 도전하고 싶은 도전 의식이나 자신감을 느끼기도 한다. 몰입을 통해 새로운 문제를 발견하기도 하고 문제해결을 위한 아이디어를 떠올리기도 한다.

나와 다른 의견을 지닌 사람과 협업할 때 감정의 전이도 느끼며 배우는 즐거움이 고양되기도 한다. 타인과 교류를 통해 창의적 질문을 쏟아내거나 공학과 예술을 넘나들며 다양한 관점의 융합적 문제해결 방법을 창안해 내기도 한다.

즉 문제를 발견하는 능력, 타인과 협력하는 능력, 소통하고 공감하는 능력 등 사회·정서적 능력이 차별된다.

04 창의 · 인성교육의 목표

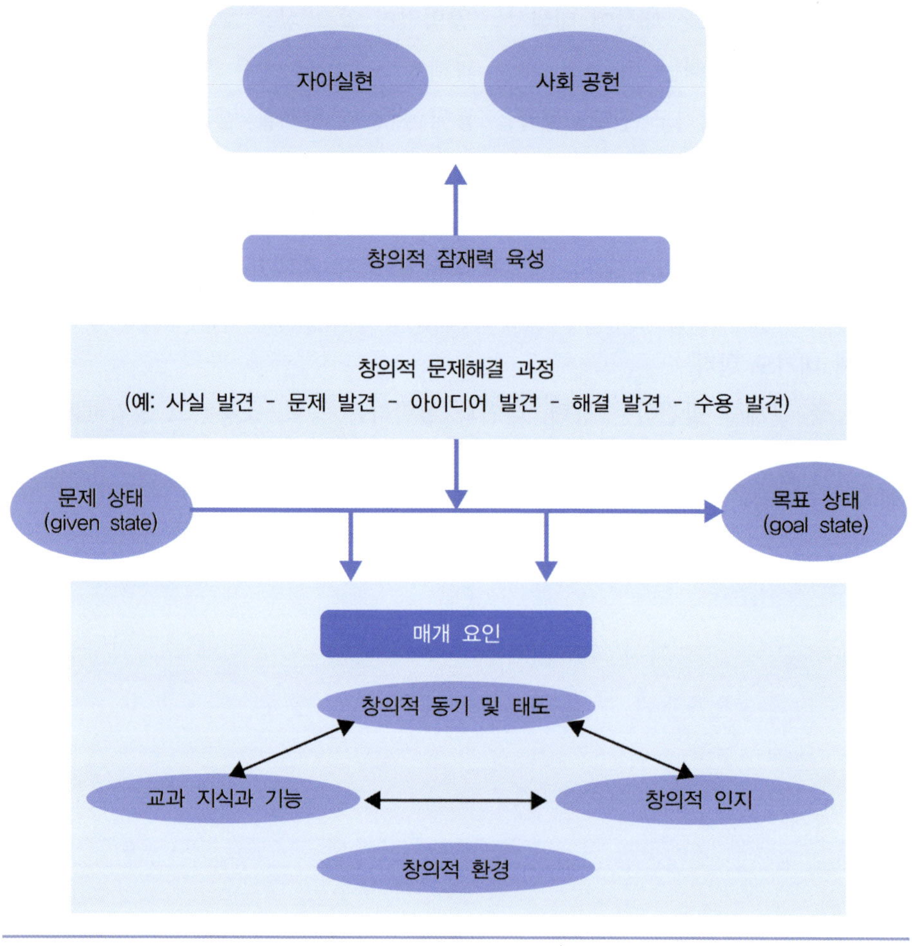

그림 1-1 창의 · 인성교육 모델
출처: 강충열 외(2017).

창의·인성교육의 목표는 자아실현과 사회적 공헌에 두고 있다. 창의성교육 모델의 목표는 '창의적 잠재력의 육성'인데 창의적 잠재력은 교과의 내용과 기능, 창의적 인지, 창의적 동기 및 태도, 창의적 문제해결 능력 등을 포함하는 복합적이고 통합적인 능력이다.

1) 자아실현

창의·인성교육을 통해 자아실현(Self-actualization)을 가능하게 할 수 있다는 것은 매슬로(Maslow)나 로저스(Rogers) 등 인본주의 심리학자들의 주장에 근거한다. 개인이 기존의 문화에 단순히 동조해 그것을 그대로 수용하는 데 머무른다면 자아실현은 불가능하다. 기존의 사고방식이나 형식을 과감히 탈피해 새로운 방향에서 문제를 지각(知覺)하고 그것을 해결하려는 자발적인 탐구의 자세를 가질 때 잠재능력이 계발되고 자아가 실현될 수 있게 된다(한순미 외, 2005).

따라서 창의적 교육은 개인의 잠재적 본질과 가능성을 실현시키도록 함으로써 개인적 차원에서의 개척정신, 발전 지향적, 성취 지향적으로 삶의 질을 한층 높일 수 있다(Davis, 1998). 이 밖에도 창의·인성교육은 개인으로 하여금 변화하는 미래사회에 효과적으로 적응하게 하고, 현재와 미래사회에 직면하게 될 많은 문제와 위험 상황에서 오는 정신적 스트레스에 잘 대처하여 안정적인 정신건강을 유지할 뿐만 아니라 다양한 문제해결력을 길러 다시 도전할 수 있는 모험심을 갖추게 할 수 있다(홍길회, 2018).

2) 사회적 공헌

창의·인성교육은 개인적인 차원의 자아실현뿐만 아니라 개인의 사회적 공헌(Social contribution)을 이끌어낼 수 있다. 창의적인 인물들이 생산해 내는 창의적 산출물, 문제해결 등은 여러 영역의 발전을 가져오기 때문에 결과적으로 개인이 사회에 공헌하게 된다(홍길회, 2018 재인용). 참신한 아이디어는 사회 문제를 풀기 위한 훌륭한 사회적 도구가 될 수 있으며, 효율적인 인적자원의 활용은 기술적 혁신을 불러올 수 있다.

최근 기술 혁신의 목표가 이윤추구만을 위한 것이 아닌 인류의 안전과 보호를 위한 최우선 수단으로 인식되는 가운데 환경과 사회, 사람을 중시하는 가치 창출을 위해 창의·인성교육은 다양한 분야의 지식과 정보의 융합을 통해 다양한 사회문제를 해결하여 사회에 공헌할 수 있다. 창의·인성교육은 자신의 개성을 발휘하여 사회와 공동체에 유익함을 줄 수 있는 인간으로서의 자질과 능력을 발휘하게 한다.

창의·인성 Work 1-1

미래사회의 직업 변화에 대해 생각해 봅시다.
(없어지는, 생겨날, 인기 있는 … 등)

창의·인성 Work 1-2

직업 창안서를 만들어보세요.

새로 만들 직업 명칭	
필요한 이유	
구체적으로 하는 일	
적정한 보수와 그 이유	
기타	

창의·인성 Work 1-3

'창의성' 하면 떠오르는 단어들을 모두 적어보세요.

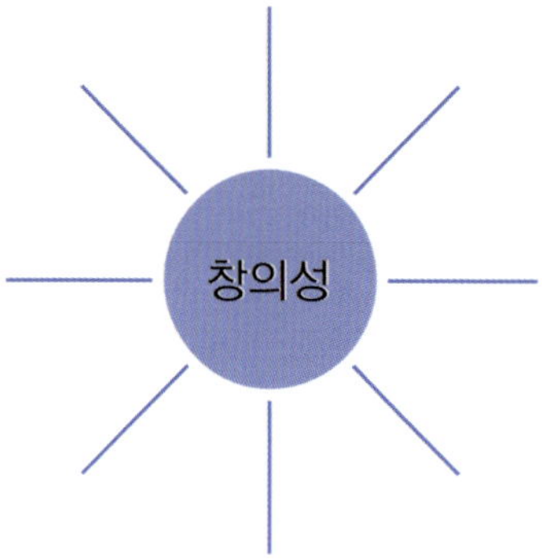

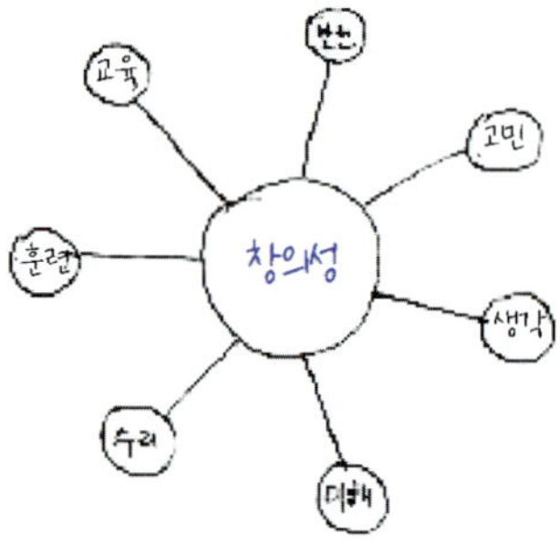

창의·인성 Work 1-4

언제 창의성이 필요한지 적어봅시다.

1. 음식을 만들 때

2. 그룹 과제 할 때

3.

4

5.

.

.

.

CHAPTER 2
창의성의 이해

01 창의성의 개념과 특징

교육학 연구 사전에는 창의성(創意性, Creativity)을 새로운 관계를 지각하거나, 비범한 아이디어를 산출하는 능력 또는 전통적 사고유형에서 벗어나 새로운 유형으로 사고하는 능력이라고 정의하고 있다. 즉, 창의성은 '새롭고 적절한 것을 생성하는 능력'으로 사물이나 행위 등을 새로운 각도로 관찰하고 그 속에서 새로운 의미를 찾아내려는 사고나 능력이며, 가치 있고 실현 가능한 독창적인 사고나 문제를 해결할 수 있는 능력이라 볼 수 있다(홍길회, 2018 재인용).

좀 더 자세히 살펴보면 창의력(Creative Ability)은 창의적인 능력으로 유창성, 융통성, 정교성, 독창성 등과 같은 인지적 능력이나 문제해결 능력을 의미하며, 창의성(Creative Personality)은 창의적인 성격을 의미하며, 창의적인 사고 과정에서 개인에게 요구되는 내적인 동기나 태도 등을 말한다. 예를 들어 민감성, 자발성, 독자성, 근면성, 호기심, 변화에 대한 개방성 등 정의적인 요인을 포함한다.

창의성에 내재되어 있는 속성은 '새로움'과 가치 있고 의미 있는 '적절성'을 들 수 있다. 창의적 사고력은 어떤 문제에 대해 새로운 해결 방법을 발견하는 능력과 이미 존재하고 있는 사물들을 새롭게 조합시키거나 새로운 방식으로 사물을 파악하는 능력을 창의력이라 할 수 있다.

창의성을 과거에는 직관적이고 비합리적이며 기발한 생각이라고 보았다. 즉, 옛날 사람들은 인간이 창의성을 발휘하기 위해서는 '신의 도움'이 필요하다고 생각했다. 창의적인 사람은 빈 그릇에 불과하며, 신이 내려 준 영감에 의해 아이디어를 쏟아냄으로써 '이 세상의 것이라고 할 수 없는' 산출물을 창조한다고 보았다. 이러한 생각에 플라톤(Platon)은 '시인은 뮤즈(muse) 여신이 구술해 주는 것만 창작할 수 있다'

고 주장하기도 했다(조연순 외, 2008).

현재는 창의성을 과학적이고 합리적 특성으로 보는 관점으로 바뀌고 있다. 즉, 아무것도 없는 백지상태에서 번뜩이는 그 무엇이 나타나는 것이 아니라 다양한 정보와 지식 그리고 많은 사고 과정과 체험 속에서 창의성이 형성된다고 보고 있다. 오늘날 창의성에 대한 이해는 창의력, 창조력 등과 함께 쓰이며 일반적으로 고등정신 능력, 문제해결 능력, 창의적인 사고력 등으로 표현된다.

한편 창의성은 고대 그리스 철학자인 Plato가 그 개념을 최초로 언급한 이래 많은 연구가 이루어져 왔으나 창의성을 선천적 특성이라고 보고 과학적 연구로 이어지지는 않았다(김응자 외, 2020). 창의성에 대한 연구는 1950년에 이르러서야 이루어지기 시작했다. 초기에는 창의적인 사람의 사고 과정이나 특성과 같은 부분에 초점을 두어 정의했으나, 최근에는 사람, 과정, 산출물 및 환경과 같은 여러 측면들을 고려해 창의성을 개념화하고 있다. 길퍼드(Guilford, 1956)가 창의성은 훈련될 수 없는 선천적으로 타고난 개인적 특성이 아니라 학교에서의 적절한 사고 훈련을 통해 개발 가능하다는 주장을 제시하면서 창의성 연구에 대한 관심이 고조되었다. 이러한 포괄적 관점에서 창의성은 "개인이나 집단의 능력과 성향이 창의적 과정을 거쳐 특정 사회적 맥락 속에서 새롭고 유용한 산출물을 생성하는 것"으로 정의할 수 있으며, 확산적 사고의 요소를 포함하는 지적인 능력의 일부로 특수한 인성적 특성이나 문제해결 능력의 한 형태로 볼 수 있다. 또한 창의성은 소수 특정인의 특정 재능으로 볼 수 없고, 한 집단의 구성원으로서 창의성을 증진시키는 방법을 배울 수 있다고 본다.

1) 창의성의 속성: 새로움과 적절성

창의성의 개념에는 두 가지 핵심 요소를 갖고 있다. 독창성, 독특성, 새로움, 신선함의 뜻을 내포할 수 있는 '새로움'과 유용한, 구체화된,

가치 있는, 의미 있는, 과제 조건을 충족시키는 '적절성(Appropriate)'을 내포하고 있다. 따라서 어떤 결과나 산출물이 창의적이라고 평가되기 위해서는 '새로움'과 '적절성' 두 요소를 동시에 충족시켜야 한다.

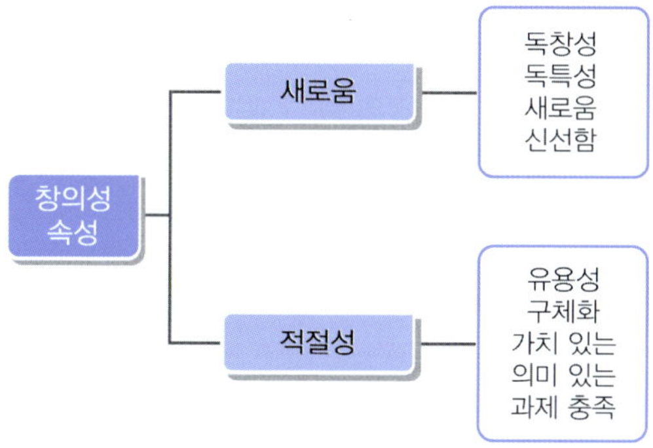

그림 2-1 창의성의 속성
출처: 홍길회(2018) 재인용.

2) 창의성의 특성: 후천성과 양면성

(1) 후천성

① 창의성은 지적 능력과 더불어 확산적 사고력이다. 누구나 육성하지 않으면 안 된다.

② 창의성은 지능과 다르다. 지능이 떨어진다고 반드시 창의력이 약하다고 볼 수 없다.

③ 창의성은 누구나 개발할 수 있다. 창의적 잠재력은 누구나 선천적으로 가지고 태어난다. 일상생활 속에 잠재되어 있는 능력을 어떻게 이끌어내는가가 중요하다. 환경이나 개인차에 따라 달라질 수 있으나, 후천적으로 개발하고 육성하면 얼마든지 증진될 수 있다.

④ 창의성이 높은 사람은 성격이 독특하며, 상상력, 순발력, 직관력, 독창력이 있다는 증거이기도 하다(홍길회, 2018 재인용).

(2) 양면성

창의성에 미치는 지식의 영향력은 양면성을 지니고 있다. 어떤 분야에 지식이 너무 없는 경우 창의성을 통해 아이디어를 도출하거나 의미 있는 공헌을 하는 것이 어려울 것이고, 반면에 너무 많이 알고 있는 경우 기존에 존재하는 논리적 사고나 고정관념의 틀에 박혀 해결책을 생각해 내기 어려울 것이다. 따라서 일반적인 정도의 지식을 가진 개인이 이 두 경우보다 더 창의적인 해결책을 만들어 낼 수 있다.

창의·인성 Work 2-1

창의성에 대한 나의 생각을 적어봅시다.

창의·인성 Work 2-2

이미지에 창의성을 부여해 보세요.

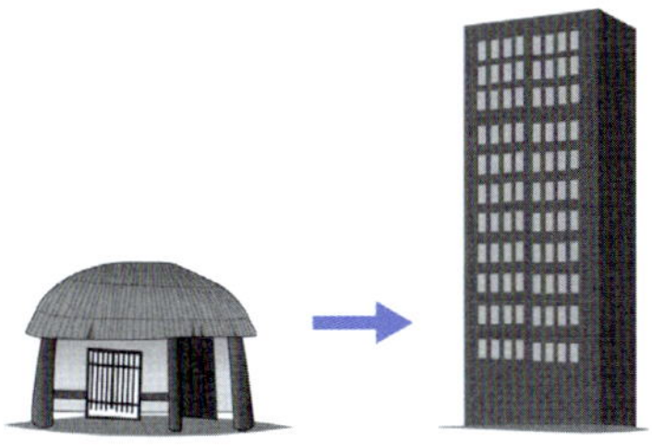

창의성은 진화하는 것이다.

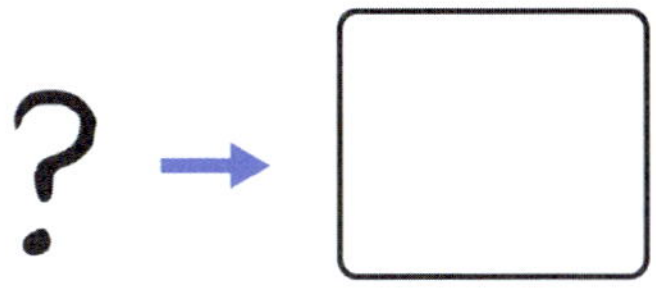

창의성은 ( )

02 창의성의 원천: 순수함, 동기부여, 경험

1) 순수함

순수함은 다른 것이 전혀 섞이지 않는 상태를 일반적으로 말한다. 세상의 틀과 고정관념에 얽매여 사고한다면 자신의 창의성을 발휘할 수 없다. 어떤 것에도 구속받지 않고 다른 것이 전혀 섞이지 않게 자기 생각을 엮어내는 것이 창의성의 원천이라 볼 수 있다. 순수는 경험과 대립되는 개념이다.

2) 동기부여

많은 사람들은 동기부여로부터 창의적 사고를 이끌어내며 동기부여는 자신을 발전시키는 원동력으로 행동하게 하는 힘이라고 할 수 있다. 과거에는 동기를 유발하기 위해 당근과 채찍의 방법인 스티커, 자유 시간, 심지어 돈과 같은 외재적 유형의 보상을 많이 사용하였으나 최근에는 개인의 흥미나 호기심, 도전 욕구, 성취감, 확신과 같은 활동 자체가 보상으로 작용하는 내재적 동기에 관심을 보이고 있다.

동기를 유발시키는 것에는 다음과 같이 자율성(autonomy), 숙달(mastery), 목적(purpose)의 세 가지 요소가 있다(홍길회, 2018 재인용).

(1) 자율성(autonomy)

교사는 과제, 시간, 기법, 팀 구성 등 학습자들이 자율성이나 자기주도성을 발휘하도록 도와주어야 한다.

① **과제**: 학생들에게 이해의 증명 방식과 독립적인 프로젝트의 과제를 다루는 방식에 있어 선택권을 주어야 한다. 교사는 필요한 발판(scaffolding)을 제공한 다음, 뒤로 물러서서 학생들이 스스로 과제에 몰두할 수 있도록 도와주어야 한다.

② **시간**: 교사는 학생들의 성취와 이해보다는 제한된 시간에 가르쳐야 한다는 규칙에 얽매일 때가 있다. 보다 나은 결과를 창출하기 위해 학생들이 더 많은 시간을 요구하거나 바랄 때에는 시간에 얽매이지 않고 시간을 허용해 주는 제도가 있어야 한다.

③ **기법**: 학생들이 집단과제나 개인과제를 수행할 때 과제를 이해했음을 증명해 보일 때 그들에게 선택권을 주는 것을 말한다. 학생들에게 과제를 이해했다는 것을 쓰기나 언어과제, 시범, 신체활동 혹은 그들 나름의 창의적인 방법과 같은 다양한 방법을 통해 증명해 보이도록 할 필요가 있다. 언어적 학습자는 공식을, 시각적 학습자는 그림이나 도표를, 그리고 운동감각적 학습자는 실연을 통해 대답할 수 있게 해야 한다.

④ **팀**: 학습자가 공부나 프로젝트를 완수하기 위해 그들 나름의 사회적 네트워크를 만들라고 할 때 팀이 발생된다. 사회적 네트워크는 교실을 초월할 수 있다. 정보 통신 기술의 발달로 학습은 교사나 학교에 의해서만 이루어지는 것은 아니다. 다양한 형태의 학습 장소는 프로젝트에 깊이를 더해준다.

(2) 숙달(mastery)

숙달의 기본 개념은 학습에 있어서 다음 기술을 배우기 전에 예정되었던 특정 기술을 완전하게 습득하는 수준까지 도달할 수 있게 하는 것이다. 다양한 학생의 요구를 적용한 수업의 한 방법으로 숙달학습을 하기도 한다. 숙달학습은 개인적 성취 차이 문제에 대한 하나의 문제 해결책으로 활용되며 동기부여가 될 수 있다

(3) 목적(purpose)

창의성교육은 우리의 생활이나 교육, 또는 직업에서 새롭고 가치 있는 아이디어나 문제해결의 방법을 생각해 낼 수 있는 능력을 기르는데 그 목적이 있다고 할 수 있다. 학생들로 하여금 그들의 생활, 학습, 진로에서 해결해야 할 크고 작은 여러 가지 문제에 대하여 참신하고 다양하게 생각하는 능력과 열린 태도로 민감하게 문제를 해결하는 태도를 함양하도록 하는 것을 목적으로 동기 유발할 수 있다.

교사가 학생들에게 동기부여 하기 위한 중요한 측면은 다른 이들이 관심을 기울이지 않는 것들을 민감하게 살펴보도록 하는 일이다.

3) 경험

창의성은 무에서 유를 만드는 기적이 아니라, 지식과 정보를 변형하고 재조직하는 과정이다. 그렇기 때문에 먼저 지식을 쌓고 다양한 경험을 하는 것이 중요하다. 경험은 수많은 시행착오를 해결하는 과정에서 쌓이는 개인만의 노하우로서 이런 경험적 노하우가 많이 쌓이는 것을 뜻한다. 한 영역이나 분야에서 창의적인 성취를 하려면 해당 분야에 대한 정보나 지식을 많이 알아야 하고, 경험적 요소와 정보나 기술을 어떻게 효율적으로 접목할 것인가가 창의성 원천이다.

TIP

경험이 많은 사람은 자신의 결과나 방향을 미리 구체적인 것까지 제시한다. 즉, 마음속의 추상적인 아이디어나 이미지를 아주 세부적인 묘사까지 시각화하고, 다른 사람의 아이디어를 새롭게 조합하는 상승적 확산을 통해 새로운 이미지를 만들어 내는 안목이 있다. 이런 능력을 통해 서로 다른 분야, 서로 다른 관심, 서로 다른 법칙, 서로 다른 사고 체계를 절묘하게 조합해서 독창적인 아이디어로 확대 재탄생시킨다.

03 창의성의 기초 이론

창의성과 관련한 이론은 인지적 접근, 성격특성적 접근, 사회심리학적 접근, 문제해결적 접근 그리고 통합적 접근으로 구분해서 살펴볼 수 있다

접근	내용
인지적 접근	• 심리 측정적 접근 • 창의적 인지 접근 • 인공지능 접근
성격특성적 접근	성격특성, 동기(내적, 외적) 성향
사회심리학적 접근	사회적 · 환경적 요인
문제해결적 접근	창의적 해결과정
통합적 접근	다양한 창의성 이론의 종합

그림 2-2 창의성의 기초 이론
출처: 홍길회(2018).

1) 인지적 접근

창의성을 인지적인 측면에서 보며 창의성이 사고능력과 지식에 근거한다고 본다. 인지적 접근은 심리 측정적 접근, 창의적 인지 접근 그리고 인공지능 접근이 있으며, 이를 설명하면 다음과 같다.

첫째, 심리 측정적 접근은 창의성의 인지적 측면 중 한 부분인 확산적 사고를 주로 강조함으로써 확산적 사고가 곧 창의적 사고인 것처럼 받아들이는 것이다. 따라서 창의성과 관련된 다른 요소들은 인지적 요소들을 밝힘으로써 창의적 사고 과정에 대한 이해를 촉진시킨다.

둘째, 창의적 인지 접근에서는 새로운 아이디어가 생성 · 산출되는 '인지 과정'에 대해 자세히 다루어야 한다는 입장을 취하고 있다. 창의적 인지 접근에서는 창의적 사고의 과정 요소 및 구조를 밝히고 있다. 아이디어를 생성하고 평가하는 과정과 이에 수반되는 요소들은 창의성에만 사용되는 특별한 정신 과정이라기보다는 일상적으로 사용되는 인지 과정이다. 이는 창의적인 사람들만이 갖고 있는 개인의 특성이라기보다는 누구나 가지고 있는 기본적인 정신 능력들의 복합적인 결합에서 나온다는 것이다.

셋째, 인공지능 접근은 매우 다양한 방식으로 이루어질 수 있다. 생성적 인공지능은 기존의 데이터를 활용하여 새로운 데이터를 생성하는 모델로 기존의 이미지, 음악, 글 등의 데이터를 학습하고, 이를 기반으로 새로운 이미지, 음악, 글 등을 생성해 크리에이티브한 작업에 활용될 수 있다. 강화학습은 특정한 목적을 달성하기 위해 스스로 학습하는 기술로 게임이나 로봇 제어 등에 많이 사용되며, 강화학습을 이용하여 노래 작곡, 그림 그리기 등에 적용할 수 있다.

트랜스포머는 인공지능 모델 중 하나로, 자연어 처리 등에 많이 사용되며 기존의 언어 모델에서 파생되어 입력된 문장을 이해하고 새로운 문장을 생성할 수 있다. 이러한 창의성의 인공지능 접근은 현재 많은 분야에서 연구되고 있으며 앞으로 더욱 발전할 것으로 예상된다.

2) 성격특성적 접근

창의성을 지적인 측면이 아닌 정의적 측면에서 개념화하는 입장으로 창의성을 태도나 성격적 특성으로 보는 시각이다. 창의적인 사람들은 보통 사람들과 다를까? 창의적인 사람들은 어떤 다른 특성들을 가지고 있을까? '창의적인 사람들의 특성'을 매키넌(Mackinnon, 1978)은 판단의 독립성, 자신감, 복잡한 것에 대한 선호, 심리적 지향성 및 모험 감수하기 등의 성격 특성이 창의성과 관련이 있다고 하였다. 또한 인내심, 끈기, 개방성, 위험을 감수하고자 하는 것과 자신에 대한 확신과 믿음의 용기 등 다섯 가지를 성격특성으로 보았다(Sternberg & Lubart, 1996).

성격특성적 접근의 하나인 성격 이론에서는 창의적인 사람들은 자율성, 광범위한 관심, 독립성, 개방성, 모험심과 같은 성격특성을 갖는다. 또한 동기 이론에서는 외적 보상이나 타인의 인정보다는 일에 대한 내적 동기가 창의성과 관련이 있다. 따라서 창의성이 발현되기 위해서는 사람의 인지적 능력뿐만 아니라, 성격특성과 동기성향이 매우 중요하다.

3) 사회심리학적 접근

창의성에 대한 사회심리학적 접근은 창의적 수행에 영향을 미치는 사회적·환경적 요인들의 중요성을 강조한다. 창의성과 관련이 있는 환경의 특성으로 문화적 다양성, 역할 모델의 유용성, 자원의 이용 가능성 및 한 영역에서의 경쟁자의 수 등을 제시하고 있는데, 특히 칙센트미하이(Csikszentmihalyi, 1996)는 분야와 영역 수준에서 개인이 만든 산출물의 창의성을 평가하는 핵심 인물들인 비평가와 갤러리 소유자와 같은 환경 요인들이 창의성과 관계가 있음을 강조했다.

이와 같이 사회심리학적 접근에서는 '환경'의 역할에 주목해 사회, 분야와 영역, 과제 수준에서 다양한 사회적·환경적 요인들이 창의성에 영향을 미친다고 주장한다. 지적 능력과 성격의 특성을 갖고 있는 사람이라도 창의성을 지원해 주는 환경 속에 있는지, 아니면 억압하는 환경 속에 있는지에 따라 개인의 창의성 수행 정도가 달라질 수 있다는 것이다. 그러나 창의성과 관련된 사회 환경 요인만 강조하는 것도 창의성에 대한 완전한 설명이 될 수 없다.

4) 문제해결적 접근

창의성을 문제해결력으로 보는 입장으로 창의적인 해결 과정에 초점을 맞추면서 방법론적인 측면을 강조한다. 문제해결적 접근은 사람, 환경, 과정, 산출물 간의 역동적인 상호작용과 맥락을 고려하여 생태학적인 상호작용 접근을 강조한다. 가드너(Gardner, 1999)는 창의적인 사람이란 독창적이고 유용하게 주어진 문제 상황을 해결하고 만들어내는 사람이라고 정의하였으며, 스테인(Stein), 오스본(Osborn) 등은 창의적인 사람의 특성으로 문제해결력을 강조하고, 창의적인 능력이란 특정한 환경 내에서 문제를 파악하는 능력, 모호한 것을 수용하고 인내하는 능력, 문제를 해결하기 위한 가설을 설정하는 능력, 제기된 가설을 검증하는 능력, 검증 결과에 대한 의사소통의 능력 등이라 하였다(김신옥 외, 2014). 즉 독창성과 유용성을 중심으로 개인이나 집단 구성원의 활동과 관련하여 창의성이 발현되는 과정에 주목하는 관점과 일련의 활동 결과로 얻어지는 산출물에 주목하는 관점이라 볼 수 있다.

5) 통합적 접근

심리학에서 이루어졌던 여러 창의성 연구들은 창의적 사고의 기초가 되는 인지능력이나 과정, 창의적 사람들의 독특한 성격특성 및 사회적 환경 중 어느 하나에 초점을 맞추어 설명한다. 창의성을 구성하는 인지적 측면, 정의적 측면, 환경적 측면을 이해하는 데 많은 도움을 주었다. 그러나 복합적이고 다면적인 현상인 창의성의 어느 한쪽 측면만을 강조하는 것은 창의성이라는 한 현상에 대해 각기 다른 설명을 야기할 수 있고, 창의성에 대한 완전한 설명이 될 수 없다. 기존 창의성 이론의 이러한 한계점을 극복하기 위해 다양한 창의성 이론들의 종합한 것이 통합적 접근이다(한순미 외, 2005).

통합적 접근은 창의성을 어떤 하나의 측면에서 보는 것이 아니라 여러 가지 요인들, 즉 인지적인 요인, 정의적인 요인, 사회심리적 요인, 문제해결력의 종합된 관점으로 보는 것이다. 창의성이 사고력, 성격, 환경 등 다원적 요소의 상호작용을 통해 발현되는 것으로 보는 관점으로 최근 창의성 연구에서 강조되고 있다(홍길회, 2018 재인용).

04 인간 본능과 창의성의 본질

1) 인간 본능

첫째, 인간에게는 새로움을 추구하는 본능이 있다.

창의성의 본질은 새로움에 있다. 인류의 문명 발전과 문화의 역사는 기존의 것을 탈피하고 새로운 것을 산출하는 과정으로 점철되어 왔다. 인간은 새로운 것을 좋아하고 '신' 자를 붙이는 것을 좋아한다. 즉, 사전적 의미로 신(新)은 명사에 붙어 새로운 것이라는 뜻을 나타내는 말이다. 새로움에 대한 추구와 더불어 기존의 것을 고수하려는 본능 사이에서 조화를 통해 더더욱 새로운 것을 찾아내는 지혜가 필요한 것이다(홍길회, 2018).

둘째, 인간에게는 행복을 추구하는 본능이 있다.

행복이란 '만족을 느끼는 정신 상태'를 의미한다. 인간은 끊임없이 행복을 추구하며, 행복을 누릴 권리가 있다. 인간이 행복을 느끼는 경우는 여러 가지이겠지만 창의성의 본질 측면에서 살펴보면 인간이 의욕을 갖고 창조할 때 행복하기 때문에 인간은 창의적인 정신 활동을 하려고 애쓴다고 볼 수 있다. 덧붙여 자신이 만족한 상태에서도 행복하지만 타인이 행복해하는 것을 보고 행복하다는 경우도 많아 창의적인 산출물은 창출하는 사람이나 그것을 활용하는 사람도 모두 행복해질 수 있고, 특히 공적 수준의 창의성을 발휘하는 사람들은 사회 및 정신, 신체의 평안과 나아가 인류 전체 복지에 기여하는 것으로 해석될 수 있다.

셋째, 인간에게는 모방의 본능이 있다.

모방이란 '어떤 개개인이나 집단에 의하여 행해진 행동이나 태도 · 사상 · 관습 따위와 같은 표현으로서의 자극이 다른 개개인이나 집단에 작용되어 유사한 표현을 유발시킨 경우'를 일컫는다. 인간은 창조의 과정에서 모방 욕구를 발휘하기도 한다. 예술이나 문화 발달에 있어서 인간의 이러한 모방 본능이 역할을 하며 유행이나 전통 관습을 만들어 내기도 한다. 어린이가 흔히 보이는 학습 과정에서의 모방 행위를 비롯하여 사회의 유행이나 문화 활동에 있어 중요한 영향을 주는 것으로 의미를 지니지만, 표절 수준으로 넘어가지 않는 것이 필요하다.

2) 창의성의 본질

창의력은 보통 사람들이 누구나 갖고 있는 능력이며, 누구든지 자기 발견과 자기 행복을 위해서 활용할 수 있는 평범한 사고방식으로 이해되어야 한다. 커트 행크스(Kurt Hanks)와 래리 스톤(Larry Stone)(윤종건, 1995 재인용)은 창의력은 위대한 예술가만이 지닌 재능이 아니라 인간이 지닌 본능적인 특성으로 보았다. 이는 적절한 훈련을 통하여 개발될 수 있으며 누구나 창의적 사고력이 있음을 시사한다.

창의력의 확장은 선천적이라기보다 삶의 현장에서 환경에 적응하며 다양한 지식을 습득하고 생활인으로서 문제를 해결하는 과정에서 이루어질 수 있다. 또한 창의적 사고 능력의 확대는 지식을 가진 두뇌와 실천적 표현력이 교감하는 순환 과정에서 생성되는 것이다.

천재적 성취자는 선천적이기보다는 노력의 시간량에 따라 결정된다. 노력의 시간량을 감당해 내는 특성을 어릴 때부터 길러주어야 한다. 창의성은 누구에게나 매우 필요한 능력으로 가정에서 부모나 학교에서 교사나 주변 환경은 호기심, 흥미, 재미 등 그 자신의 창의적 잠재력을 최대한 발휘될 수 있도록 해야 한다. 그리고 여러 가지 지식과 기능 · 정보를 습득하기 위한 원동력을 제공하여야 한다.

이러한 환경은 예술적인 재능과 같이 표현되어 새로움에 대하여 도전하고 성취하게 하며 학생들의 욕구를 충족시키는 데 가장 중요한 역할을 하게 해야 한다. 창의적인 사람이 따로 있는 것은 아니다. 가끔 자신에게 아무것도 기대하지 말라는 사람들이 있다. 자신이 창의적이라고 말하면 새로운 것을 만들어내기 위해 생각해야 하기 때문에 부담을 느끼기 때문이다. 사람들은 생각하기 싫어서 '나는 창의적이지 않다.'라고 말하는 경우가 있다. 진정으로 창의적인 사람의 특징은 생각하기를 그치지 않는다는 것이다(홍길회, 2018 재인용).

TIP 창의성의 본질

- 창의성은 확산적 사고와 더 밀접한 관련이 있음
- 창의력은 지능과 다름
- 창의력은 계발 가능함
- 창의력이 높은 사람은 보통 사람과 다름
- 창의성에는 성차가 없음

창의·인성 Work 2-3

우리말 중에 신(新) 자나 새 자로 시작되는 단어를 적어봅시다.

창의·인성 Work 2-4

행복이란 무엇이라고 생각하는가? 본인과 주변 사람들은 언제 행복감을 느끼는지 조사해 봅시다.

05 창의성의 구성 요인

창의성의 개념이 시대의 흐름 및 바라보는 관점에 따라 조금씩 다르듯이 창의성의 구성요인도 개념과 마찬가지로 학자마다 다양하게 강조되고 있다. 창의적인 사고를 구성하는 요인에 관해 학자마다 다르게 주장을 하고 있으나, 학자들이 공통적으로 생각하는 창의성의 구성 요인들을 인지적 영역과 정의적 영역으로 나누어 살펴보면 다음과 같다.

1) 인지적 영역 요인

창의성을 인지적인 측면에서 보며 창의성이 사고능력과 지식에 근거한다고 본다. 사고의 제한 없이 완전히 자유롭게 예상외의 결과를 가져올 수 있는 사고와 지능의 한 측면, 사고 유형, 사고전략의 하나로 보고 유창성, 융통성, 독창성, 정교성으로 나눈다.

(1) 유창성(fluency)

유창성이란 어떤 문제 상황에서 생각해 내는 아이디어의 폭이 넓고 많은 것을 말한다. 창의성 요인의 가장 기본으로서 특정한 상황에서 가능한 한 많은 양의 아이디어나 해결책을 산출해 내는 능력을 말하며, 아이디어의 풍부함과 관련된 양적인 능력을 의미한다. 즉, 짧은 시간 안에 많은 양의 아이디어를 떠올릴 수 있고, 신속하며 자유롭게 사고하는 능력이라 할 수 있다. 유창성은 창의적 사고의 초기 단계에서 필요한 기능으로 아이디어나 해결책을 많이 낼수록 독창적인 아이디어나 만족스러운 결과를 가지고 올 가능성이 커진다.

(2) 유추성(analogy)

유추성이란 같은 종류의 것이나 비슷한 것에 기초하여 다른 사물을 미루어 추측하는 성질로 특정 대상을 기존의 것과 연결해 생각하는 능력을 말한다. 예를 들어, 어떤 상황에서는 지금까지의 경험과 지식을 바탕으로 상대방의 의도를 유추할 수 있다. 유추성과 비슷한 의미의 연상력은 두 가지 이상의 개념이나 이미지를 연결하거나, 관련성을 파악하는 능력이다. 예를 들어, 부분을 보고 전체의 이미지를 떠올려보는 것처럼 어떤 키워드나 개념을 중심으로 연상되는 다른 이미지들을 떠올릴 수 있다.

(3) 융통성(flexibility)

융통성이란 새로운 상황에 빠르게 적응하거나 사고를 빠르게 전환시키며, 새로운 관점에서 다양한 해결책을 생각해 내는 능력을 말한다. 기존의 고정된 사고에서 벗어나 좀 더 다양한 관점으로 상황을 판단하고 사고하는 것이 특징이다. 융통성과 유연성은 비슷한 의미로 사용되며 유연성은 주로 다양한 방법으로 문제를 해결할 수 있는 능력으로 유연성이 있는 사람은 주어진 문제를 다양한 관점에서 바라보고, 새로운 방법으로 접근하여 해결할 수 있다.

(4) 독창성(originality)

독창성이란 남들이 생각하지 않은 방식으로 자신만의 독특한 아이디어를 산출해 내는 능력을 말한다. 결코 타인의 방식을 모방하거나 반복하지 않는다. 타인이 미처 생각하지 못한 것을 생각해 내는 것이다. 사고에서 독창성이 요구되는 이유는 그것이 단기적으로는 문제해결의 상황에서 보다 더 효율적인 문제해결을 할 수 있게 하고, 장기적으로는 인간의 삶을 보다 발전시키는 데 기여할 수 있기 때문이다.

(5) 정교성(elaboration)

정교성이란 다듬어지지 않은 아이디어를 보다 치밀한 것으로 발전시키려는 것이다. 기존의 아이디어에 흥미롭고 유용한 세부사항을 추가하여 보다 가치 있는 것으로 발전시키는 능력이다. 애매모호함을 좀 더 구체적으로, 자세하고 명확히 하는 과정에서 다듬어지고 새로운 아이디어들이 더해지며 새로운 지식이 창출된다. 정교성은 여러 가지 아이디어나 해결책을 자세하고 세밀하게 표현하는 능력으로 독창성과 더불어 창의성의 마지막 단계에서 발휘된다.

(6) 상상력(imagination)

상상력이란 경험하지 않은 것, 현재에 없어 보이는 대상을 직관하고 머릿속으로 그려보는 능력을 말한다. 상상력은 생각이나 아이디어를 시각화하거나, 실체화하는 능력으로, 새로운 것을 창조하고 이끌어내는 데 매우 중요하다. 상상력은 어떤 시각이나 상황에서 시작하여, 새로운 아이디어나 이미지를 만들어 내는 능력을 말하며 상상력을 발휘하기 위해서는 적극적인 태도와 개방성, 끊임없는 탐구와 궁금함 등이 필요하다. 상상력은 창의성의 출발점이며, 창의성은 상상력을 통해 발휘된다.

2) 정의적 영역 요인

창의적인 사고가 작용하는 과정에서 개인에게 요구되는 내적인 동기나 태도 등을 말한다. 창의적인 사람들의 정의적인 특성으로 공통적인 것은 민감성, 자발성, 독자성, 근면성, 호기심, 모험심, 변화에 대한 개방성 등이 있다.

(1) 민감성(sensitivity)

민감성이란 주변의 환경에서 오감을 통해 들어오는 다양한 정보들에 대해서 민감한 관심을 보이고, 이를 통해 새로운 탐색 영역을 넓히려는 특성이다. 지각력을 넓히려는 성향이나 태도로 평소 사물이나 상황을 호기심을 가지고 대하고 의문점에 대해 끊임없이 질문하는 태도에서 민감성은 길러지며 이러한 민감성은 새로운 발견의 기초가 된다.

(2) 자발성(spontaneity)

자발성이란 문제 상황에서 아이디어를 자진해서 산출하려는 성향이나 태도를 말한다. 문제 상황에 적극적으로 대처하고, 타인의 요구나 강요에 의하지 않고, 자신의 내적 동기에 의해 필요한 아이디어를 내려는 성향이다. 창의적 사고에서 자발성은 문제해결의 의지를 보여주는 태도이다.

(3) 독자성(individuality)

독자성이란 자신이 생각해 낸 아이디어에 대한 가치를 인정하고, 다른 사람들의 평가로부터 구애받지 않으려는 성향이나 태도를 말한다. 독자성은 자기 주변의 환경을 지배하고 자기주장을 확고히 하며 자신의 성취와 능력을 추구하는 성향을 말한다. 개인이 이룬 업적과 자립, 분리에서 성취를 경험한다.

(4) 근면성(industry)

근면성이란 문제를 해결하기 위해 가능한 다양한 정보를 수집하고, 그 문제가 해결될 때까지 끈기 있게 지속적으로 탐색해 나가는 성향을 말한다.

(5) 호기심(curiosity)

호기심이란 주변의 사물에 대해 의문을 갖고 끊임없이 질문을 제기하려는 성향을 말한다. 현재 아는 것과 알고 싶은 것 사이에 생긴 간극을 좁히고 싶은 욕구가 호기심이다.

(6) 모험심(adventure)

모험심이란 새로운 상황에 접했을 때 두려워하지 않고 도전의식을 갖고 적극적으로 정진하는 성향이나 태도를 말한다. 모험심이 높으면 새로운 것에 대한 도전의식이 높고 새로운 아이디어를 창출하는 능력이 뛰어나다.

(7) 변화에 대한 개방성(openness)

변화에 대한 개방성이란 세상이 변화하고 있음을 인정하고, 모든 가능성을 수용하려는 성향이나 태도와 더불어 자신이 변화의 주체가 되어야 한다는 자발적인 태도를 말한다.

CHAPTER 3
창의성 요인과 증진 활동

01 창의성 구성 요인과 훈련

1) 유창성

특정한 문제 상황에서 가능한 많은 양의 아이디어를 산출하는 능력을 말한다. 유창성(流暢性)이 높아서 아이디어를 많이 내면 낼수록 독창적인 아이디어가 많아 만족할 만한 해결책을 찾아낼 가능성이 커진다. 50개의 아이디어 중에서 해결책을 찾는 것은 열 개의 아이디어 중에서 찾는 것보다 해결책을 강구할 수 있는 가능성이 크다. 창의적인 아이디어를 얻는 지름길은 많은 아이디어를 내는 것에서 출발한다(홍길회, 2018 재인용).

개인마다 유창성의 정도는 다르다. "빨갛고 동시에 먹을 수 있는 것을 2분 동안 생각나는 대로 모두 적어보세요."라는 요구를 했을 때 어떤 사람은 30가지를 생각하는 반면에 10가지도 생각을 못 하는 사람이 있다. 따라서 아이디어를 내는 능력을 키우기 위해서는 유창성을 증진시키는 연습이 필요하다.

TIP 유창성을 증진시키기 위한 요소

① 특정한 사물과 관련된 것을 자유롭게 떠올리기
② 대상에 대한 관점(觀點)을 의도적으로 바꿔서 생각해 보기
③ 어떤 대상(언어 · 도형)이나 현상들로부터 많은 것을 연상해 보기
④ 특정한 문제 상황에서 가능한 해결방안을 많이 제시해 보기

창의·인성 Work 3-1

다음과 같은 질문에 답을 해 보세요.

① 머리핀을 갖고 할 수 있는 것들을 모두 적어보라.

② 노란색이면서 동시에 둥근 모양을 한 것은 어떤 게 있는지 생각나는 대로 모두 말하라.

③ 낡은 잡지책을 이용해 할 수 있는 것들은 무엇인지 말해 보라.

④ 100이라는 숫자를 생각할 때 떠오르는 모든 것을 말해 보라.

⑤ 에너지를 아낄 수 있는 방법들을 가능한 한 모두 말해 보라.

⑥ 눈으로 볼 수 없는 것은 어떤 것이 있는지 말해 보라.

② 무거운 물건을 들어 올릴 수 있는 방법들을 가능한 한 많이 떠올려보라.

위의 질문들은 창의성의 구성 요인 중에서 많은 아이디어를 끌어내게 하는 유창성을 기르기 위한 질문이다. 그 밖에 많은 문제들을 학생들에게 실제로 시켜 보고 얼마나 많은 아이디어를 찾아내는지에 따라서 유창성이 높다는 것을 알 수 있다.

창의·인성 Work 3-2

유창성 증진하기 훈련 사례

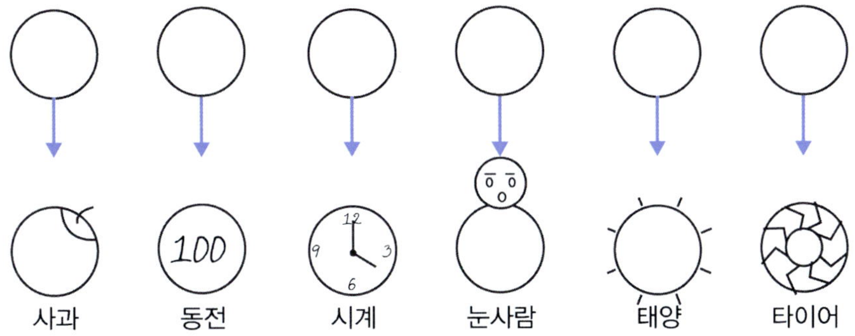

창의·인성 Work 3-3

동일한 동그라미 20개에 일정한 시간 내에 의미 있는 그림을 그려 넣어 보세요.

창의·인성 Work 3-4

다음 숫자를 가능한 한 많이 사용하여 새로운 그림을 그리고, 그림의 제목을 쓰세요.

1 2 3 4 5 6 7 8 9

2) 유추성

유추성은 이미 알고 있는 정보나 지식을 바탕으로, 새로운 정보나 지식을 유추해내는 능력을 말한다. 두 개의 사물이 여러 면에서 비슷하다는 것을 근거로 다른 속성도 유사할 것이라고 추론하는 것으로, 유추에 필요한 요소는 경험 지식, 환경, 문화 등이 있다.

경험은 자신이 실제로 해 보거나 겪어봄으로써 얻은 지식이나 기능을 말하며, 지식은 어떤 대상에 대하여 배우거나 실천을 통하여 알게 된 명확한 인식이나 이해를 의미하며, 환경은 생물에게 직접·간접으로 영향을 주는 자연적인 조건이나 사회적 상황 또는 생활하는 주위의 상태를 가리킨다. 마지막으로 문화는 자연 상태에서 벗어나 일정한 목적 또는 이상을 실현하고자 사회구성원에 의하여 습득, 공유, 전달되는 행동양식이나 생활양식의 과정 및 그 과정에서 이룩하여 낸 물질적 정신적 소득을 통틀어 의식주를 비롯하여 언어, 풍습, 종교, 학문, 예술, 제도 따위를 모두 포함한다.

TIP 유추성을 증진시키기 위한 요소

① 유사한 것 떠올리기
② 상대적인 것과 주변 대상 떠올리기
③ 일관성 부여하기
④ 부분 보고 전체 떠올리기
⑤ 장면을 보고 상황 예측하기
⑥ 문제 상황에서 해결방안 제시하기
⑦ 결과 예측하기
⑧ 다른 유추성 증진 방법 생각해 보기

창의·인성 Work 3-5

유추성을 증진시키기 위한 문제

1. 냉장고와 유사한 것에는 어떤 것이 있을까요? 형태…….
2. 사과와 유사한 것에는 어떠한 것이 있을까요?
   형태, 색, 유사한 과일, 나무에서 성장, 가을에 수확….
3. 아래 대상의 상대적인 것 떠올려봅시다.
   토끼, 기계, 흥부 등
4. 위와 동일한 대상의 주변 대상 떠올려봅시다
5. 아래 대상의 일관성을 찾아봅시다.
   고양이와 강아지, 자동차와 사과…….

·

·

·

·

·

창의·인성 Work 3-6

문제 상황을 가정하여 뒷이야기 만들어봅시다.

1. 썰매가 고장 나고 길잃은 산타가 무사히 목적지에 도착할 수 있는 방법을 생각해봅시다.

2. 솜사탕 기계가 고장 나서 솜사탕이 계속 흘러내린다면 어떤 일이 일어나게 될까?

3. 만약 해가 뜨지 않게 되면 어떤 일이 일어나게 될까?

3) 융통성

융통성(融通性)은 새로운 상황에 빠르게 적응하거나 사고를 빠르게 전환시키며, 새로운 각도에서 다양한 해결책을 생각해 내는 능력을 말한다. 기존의 고정된 사고에서 벗어나 좀 더 다양한 관점으로 상황을 판단하고 사고하는 것이 특징이다.

융통적 사고는 유창적인 사고의 연장이라 할 수 있다. 융통성은 아이디어의 종류가 여러 가지 다른 것에서 비롯되기 때문이다. 융통성 있는 사고를 하는 사람들은 주어진 내용이 일반적으로 상상할 수 없는 것들을 강제 결합해서 특이한 아이디어를 생산하는 능력을 갖고 있다. 따라서 융통성 있는 사고를 하는 사람은 사물을 다른 관점에서 보고 새로운 방식으로 정의 내릴 수 있다.

융통성이 있는 사람들은 "또 다른 가능성 있는 대답은 무엇일까?"와 같은 스타일의 문제에 대답을 잘한다. 만약 낡고 못쓰게 된 길고 늘어진 귀걸이를 쓸 수 있는 용도를 생각해 보라고 했을 때 융통성 있는 사람은 인형의 집에 샹들리에로 사용한다고 하거나 낚싯대에 매달아 미끼로 사용한다고 대답하기도 한다.

또한 "빨갛고 뜨거운 것은 어떤 것들이 있을까?"라는 질문에 김치찌개, 감자탕, 대구탕 등 찌개나 탕 종류의 음식만 나열한다면 융통성이 낮다고 볼 수 있다. 하지만 음식 외에 의류, 사랑, 기후, 동물, 건강, 자동차, 분노, 정치적 이미지, 전기 등의 여러 가지 관점에서 생각하고 답을 하는 사람은 융통성이 있는 사람이라고 할 수 있다. 이와 같이 융통성 있는 사람은 다양한 종류의 아이디어를 생산할 줄 안다.

융통성 있는 사고의 목적은 정상적인 사고의 패턴으로부터 동떨어진 사고를 일반화하고 좀 더 가치 있는 사고를 할 수 있고, 사물을 여러 가지 다른 방법으로 보기 때문에 거의 모든 것의 용도를 발견할 수 있다. 융통성 키우기 위해서는 방향과 관점에의 전환과 더불어 고정화된 사고의 틀을 깨뜨리는 데서 온다.

TIP 융통성을 키우기 위한 요소

① 대상에 대한 시점(視點)을 변화시켜 숨겨진 면을 파악하기
② 서로 관계가 없는 사물이나 현상들 간의 관련성을 찾아 결합하기
③ 기존과는 다른 수단으로 표현하기
④ 사물이나 현상의 속성별로 생각하기
⑤ 어떤 대상이나 현상들을 상징화하여 표현하기
⑥ 결과로부터 거꾸로 생각하기
⑦ 발상(發想) 자체를 전환시켜 사고하기

창의·인성 Work 3-7

융통성을 증진시키기 위한 문제

1. 교실의 넓이와 길이를 자를 사용하지 않고 잴 수 있는 방법을 적어보세요.
2. 빈 상자에 물건을 담는 것 외에 어떤 용도로 사용할 수 있는지 적어보세요.
3. 낡은 옷걸이를 가지고 할 수 있는 것을 세 개 이상 그려보세요.
4. 연필을 글씨 쓰는 용도 외에 어떤 것으로 사용할 수 있는지 적어보세요.
5. 커피잔과 전화기의 공통점은 무엇인지 적어보세요.
6. 나의 기분을 날씨에 비유해서 표현해 보세요.
7. 만약 자신이 보이지 않는 투명인간이라면 어떤 것들을 할 수 있을지 적어보세요.

·

·

·

·

창의·인성 Work 3-8

융통성을 증진할 수 있게 문제를 만들어보세요.

1. 글씨를 쓰려고 하는데 연필이 없어요. 무엇으로 대신하면 좋을까요?
2. 종이컵이 없어서 물을 마실 수가 없어요. 무엇으로 대신하면 좋을까요?
3.
4.
5.
6.
7.

.

.

.

.

.

4) 독창성

독창성(獨創性)은 의외의 가능성을 창출해 낼 수 있는 밑바탕이 되며, 기존의 것에서 탈피하여 깜짝 놀랄 만한 시선을 끌 수 있는 아이디어를 산출하는 능력이다. 독창성은 자세하게 뭔가를 덧붙이고 빈 공간을 메우며, 관련이 있는 아이디어를 그룹화하고 확장하는 능력과도 통한다.

독창성이 있다는 것은 다른 사람이 생각하지 않는 아이디어의 있는 것이라고 할 수 있다. 원을 이용하여 그림을 완성하라고 하였을 때, 다른 사람들은 주로 사람 얼굴이나 공, 과일 등을 그리는데, 어떤 사람은 여러 개의 원을 이용하여 애벌레를 만들거나 안경 등 독특한 그림을 표현했을 때 그 완성된 그림의 수에 따라 독창성이 높다고 할 수 있다.

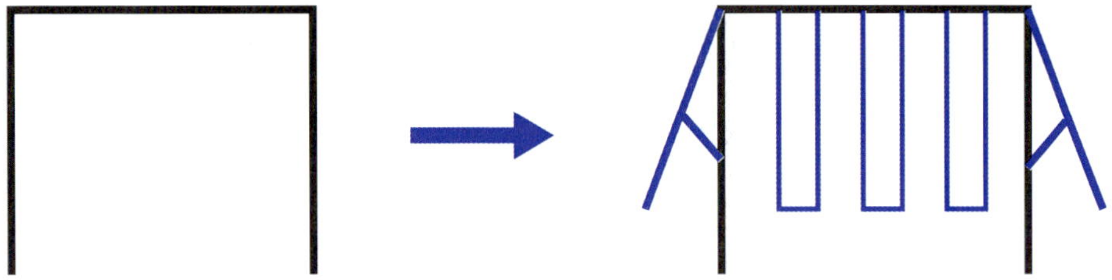

TIP 독창성을 키우기 위한 요소

① 다른 사람과 다른 생각하기
② 기존의 생각이나 사물의 가치를 부정하고 생각해 보기
③ 기존의 생각을 새로운 상황에 적용하여 생각해 보기
④ 새롭게 네이밍해보기
⑤ 현상들을 참신하게 상징화해보기

창의·인성 Work 3-9

아래 도형을 활용하여 그림을 완성해 보세요.

창의·인성 Work 3-10

독창성을 증진할 수 있는 문제를 만들어보세요.

1. 20년 후에는 어떤 컴퓨터가 나올까?

2. 기름에 튀겨먹는 아이스크림을 개발하는 방법은?

3. 바이러스에 감염되지 않는 프로그램을 개발하는 방법은?

4.

5.

6.

.

.

.

.

창의·인성 Work 3-11

수의사는 몹시 아픈 악어를 살리려면 체온을 낮추어야 하므로 악어를 냉장고에 넣어야 한다고 합니다. 악어를 냉장고에 넣는 여러 가지 방법을 찾아보세요.

5) 정교성

정교성은 다듬어지지 않은 기존의 아이디어를 보다 치밀한 것으로 발전시키는 능력이다. 아이디어를 정교하고 세밀하게 하거나 재미있고 아름답게 꾸미는 창의적인 사고 행동이다.

정교성은 그림 · 글 · 생각이나 이야기를 다양하게 추가해 그것들을 좀 더 완벽하게 만들고, 좀 더 재미있게 작품을 끝마칠 수 있게 하는 요소다. 정교성의 목적은 기존의 지식이나 원래의 생각에 추가하여 확장시키기 위한 창의적 사고다. 정교성을 키우기 위해서는 보다 많은 질문을 통해 일반적으로 주어진 것보다 많은 답을 찾도록 요구해 본다.

또한 단순한 아이디어를 보다 복잡한 사고로 발달시키는 열린 질문을 한다. 예를 들면, "개가 달려온다."라는 단순한 문장을 "화가 난 검은색의 개가 장난치고 있는 어린이들을 향해서 재빨리 달려온다."와 같은 복잡한 문장으로 만들어보게 한다. 정교성은 한 아이디어에 뼈와 살을 붙여서 구체화하고 명확하게 하는 능력이라고 할 수 있다. 다듬어지지 않는 기존의 아이디어를 보다 치밀하게 구체화시켜 발전시켜나간다.

TIP 정교성을 키우기 위한 요소

① 어떤 일을 하면서 혼잣말하기
② 주변의 사물을 분류하고 결합해 보기
③ 은연중에 떠오르는 거친 수준의 생각을 구체화하기
④ 생각이나 아이디어의 형성 과정을 상세하게 나타내기
⑤ 생략된 부분을 구체화하기
⑥ 다각적인 시각으로 표현해 보기

창의·인성 Work 3-12

별과 티켓이란 단어를 연결하여 과학적 개념과 원리가 포함된 문장을 만들어보세요.

1. 별로 가는 티켓을 구하는 과정에서 별의 거리, 열효율 등과 같은 개념을 습득할 수 있다.
2. 별의 운동 궤도를 이해하면 어떤 별이 언제 어느 위치에 있을지 예측하여 천체 관측 티켓을 구매할 수 있다.
3. 별의 색깔은 온도에 따라 결정된다. 높은 온도를 가진 별은 파란색에서 흰색, 노란색, 주황색, 빨간색 순으로 색이 변하므로 별들의 특성을 파악하고 같은 색의 티켓을 발급한다.
4.
5.
6.
7.

.

.

창의·인성 Work 3-13

정교성을 키우기 위한 문제들

1. 주어진 문장을 여러 가지 단어를 덧붙여 보다 재미있는 문장으로 만들어 보라.

2. 방안을 좀 더 아름답게 꾸미기 위해 여러분은 무엇을 어떻게 할 수 있을지 이야기해 보라.

3. 빈 종이에 아주 기다란 선을 세로로 그리고 그 위에 무엇이든지 그려 보라.

4. 현재의 운동화를 여러분의 나이에 필요하고 좀 더 멋있는 운동화로 만든다면 어떤 기능이나 모양을 덧붙이고 싶은지 적어보라.

5. 신문기사의 제목을 가지고 여러분이 직접 기사를 작성해 보라.

   예) '남성도 피부 관리 시대', '우리 동네 슈퍼계산대에 AI가', '무인 자동차 시범 운행' 등

창의·인성 Work 3-14

다음 <보기>에 나와 있는 단어들을 보고 떠오르는 느낌을 1~3개의 단어로 쓰고, <보기>의 일곱 단어를 모두 사용하여 시를 지어보세요.

<보기> 구름, 우유, 시계, 친구, 성, 햇살, 연필…

떠오르는 느낌

시 짓기

6) 민감성

사고의 내용은 어떤 대상에 대한 민감한 정도에 의해 그 질이 결정된다고 할 수 있다. 동일한 대상을 보고도 사람마다 서로 다른 느낌과 생각을 갖는 것은 사람마다 서로 다른 인식 체계를 가지고 있기 때문이다. 인식 체계가 동일하다면 그 차이는 민감성에 의해 결정된다.

주변의 환경에 대해 민감한 반응을 보이고 이를 통해 새로운 탐색 영역을 넓히는 민감성은 창의성의 중요한 요소이다. 즉, 어떤 상황에 직면했을 때 또는 어떤 사물을 보았을 때 '왜?'라는 질문을 스스로 할 수 있는 능력이다. 즉, 남들은 당연하게 받아들이는 것에 대해서 스스로 의문을 제기하고 문제점을 인식하는 능력이 민감성이다. 사물이나 현상에 대해서 호기심을 가지고 민감하게 받아들이지 않으면, 창의적인 사고는 시작될 수 없을 것이다.

민감성을 증진하기 위해서는 친밀한 것을 낯선 것으로 생각해 보기, 낯선 것을 친밀하게 생각해 보기, 주변의 모습 관찰하기, 큰 도구를 작게 생각하기 등의 연습을 할 수 있다.

TIP 민감성을 키우기 위한 요소

① 설명하거나 증명하지 않고 스스로 문제를 찾아내기
② 주변의 환경을 꼼꼼히 파악하기
③ 주변에서 일반적이지 않은 것을 찾기
④ 애매한 상황 속에서 숨어 있는 사물 찾기
⑤ 친밀한 것을 이상한 것으로 생각해 보기
⑥ 이상한 것을 친밀한 것으로 생각해 보기
⑦ 비슷한 것에서 차이점 찾기

창의·인성 Work 3-15

다음에 제시된 표현에 해당된다고 생각하는 것을 써 보세요.

무게가 없는 무거운 것

부드러우면서 강한 것

창의·인성 Work 3-16

민감성을 증진할 수 있게 문제를 만들어보세요

1. 그림을 보여주면서 “이야기를 만들어보세요.”라고 한다.
2. 주방용품, 가구, 가전제품, 각종 공구 등 다양한 것이 있다. 이들 중에서 사용에 불편함을 개선할 것과 그 방법은 무엇인가?
3.
4.
5.
6.
7.

.

창의·인성 Work 3-17

음식이 목구멍을 넘어가는 소리를 자세히 들어본 적이 있을까요? 다음 음식들이 넘어가는 소리들을 표현해 봅시다.

1. 밥,
2. 주스,
3. 사이다,
4. 라면,
5. 케이크……

·

·

·

·

·

7) 호기심

호기심(Curiosity)은 새로운 정보나 경험을 탐구하고 이해하고자 하는 강한 욕구나 감정을 말한다. 즉, 호기심은 우리가 세상을 더 잘 이해하고 더 많은 것을 배우려는 욕구이며 이러한 욕구는 더 나은 결정을 내리고 문제를 해결하고 새로운 아이디어를 발견하는 데 도움이 된다. 호기심은 인간의 학습과 발전을 촉진하는 역할을 한다.

TIP 호기심을 키우기 위한 요소

① 개방적인 마인드 유지하기
② 질문하기
③ 관찰하기
④ 새로운 경험하기
⑤ 독서하기

창의·인성 Work 3-18

장미꽃이 피는 모습을 관찰한 적이 있을까요? 장미꽃을 비롯하여 자신이 좋아하는 꽃들이 피는 모습을 소리로 표현해 봅시다.

1. 장미꽃
2. 카네이션
3. 코스모스
4. 목련

·

·

·

·

·

8) 모험심

모험심(Adventure)은 새로운 경험을 추구하고 불확실한 상황에서도 도전하는 용기와 열정을 가진 성격특성이다. 모험심이 강한 사람들은 일상적인 경험에서 벗어나 새로운 것을 탐구하며, 새로운 경험에서 배울 것이나 얻을 것이 무엇인지를 궁금해한다. 모험심이 있는 사람들은 위험을 감수하고 실패를 두려워하지 않고 도전적인 상황에서도 열정과 용기를 발휘할 수 있다. 따라서 새로운 경험을 통해 성장하고 배우며, 새로운 가능성을 발견하는 데 도움이 된다.

TIP 모험심을 키우기 위한 요소

① 새로운 경험을 시도하기
② 불확실성을 받아들이기
③ 도전을 받아들이기
④ 사람들과 교류하기
⑤ 실패를 두려워하지 않기

창의·인성 Work 3-19

혼자 다른 나라 여행을 통해 새롭게 경험해 보고 싶은 것들을 정리해 봅시다.

9) 개방성

개방성은 새로운 아이디어와 경험에 대한 개방적인 태도로 다양한 정보와 아이디어를 수용하고 이를 결합하여 새로운 것을 창조하는 능력이다. 개방성이 있는 사람은 새로운 아이디어와 경험을 받아들이는 것을 좋아하며, 변화와 도전을 즐기는 경향이 있다. 새로운 경험을 즐기기 때문에 실패와 오류를 두려워하지 않고 실패에서도 학습하고 성장할 수 있다. 이러한 태도는 문제를 다양한 각도에서 바라보고, 새로운 해결책을 찾아내는 데 도움이 된다.

TIP 개방성을 키우기 위한 요소

① 새로운 경험을 즐기고 받아들이기
② 다양한 관점을 수용하기
③ 호기심과 탐구심 강화하기
④ 실패에 대한 두려움 감소하기
⑤ 자기개방성에 대한 인식 강화하기

창의·인성 Work 3-20

새롭게 도전하고 싶은 일이나 해보고 싶은 취미활동을 적어봅시다.

10) 상상력

상상력은 과거의 경험을 바탕으로 미래 행동을 계획할 수 있도록 새롭게 표상할 수 있는 능력을 말하며, 심리학적으로 가장 기본적인 경험으로 유아기에 표출되고 형성된다. '내가 만약 ……라면, 내가 만약 그 입장이라면' 같이 상상을 토대로 입장 전환함으로써 타인의 감정을 이해하고 공감할 수 있게 해주며, 따라서 상상력이 잘 발휘될 수 있으려면 이전의 다양한 경험을 통합할 수 있는 능력과 현실에서 일어날 수 있는 가능한 변화를 깨닫는 능력이 요구된다.

TIP 상상력을 키우는 요소

① 있는 것을 없는 것처럼 또는 없는 것을 있는 것처럼 생각해 보기
② 존재하는 것을 축소 또는 확대하여 생각해 보기
③ 존재하는 것의 위치 또는 공간을 바꾸어 생각해 보기
④ 가상적인 상황을 현실로 떠올리기
⑤ 입장 바꾸어 가상해보기

(1) 제한된 상황 속에서 자유롭게 표현하기

제한된 상황 속에서 자유롭게 자신의 상상력을 시각적으로 표현하는 방법이다. 이 표현은 추상적 표현에 대한 인식과 창의적인 심상을 얻을 수 있다.

그림 3-1은 선 2개를 갖고 다양한 아이디어를 스케치한 내용이다.

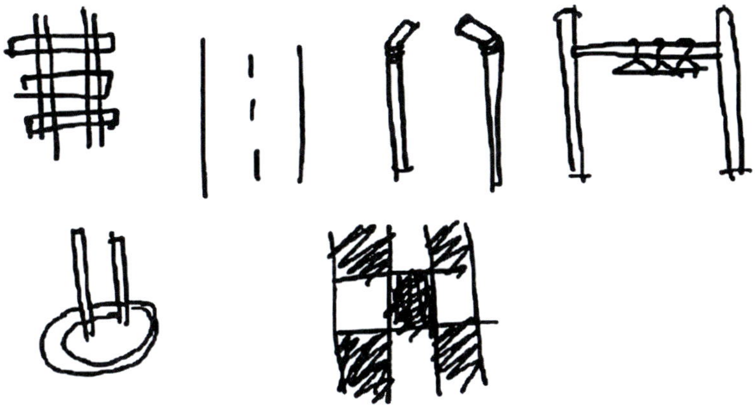

그림 3-1 2개의 선을 이용한 아이디어 스케치 사례

창의·인성 Work 3-21

아래 두 선을 이용하여 다양하게 표현해 보세요.

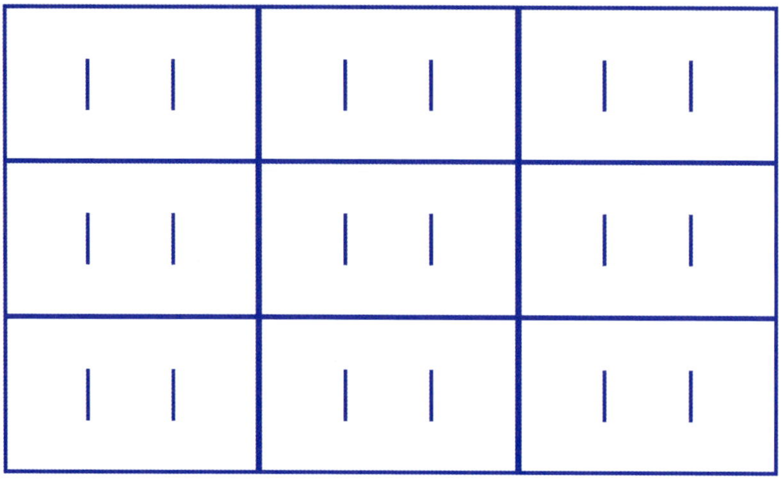

창의·인성 Work

창의·인성 Work 3-22

각각의 형태의 사물을 찾아보고 그려보세요.

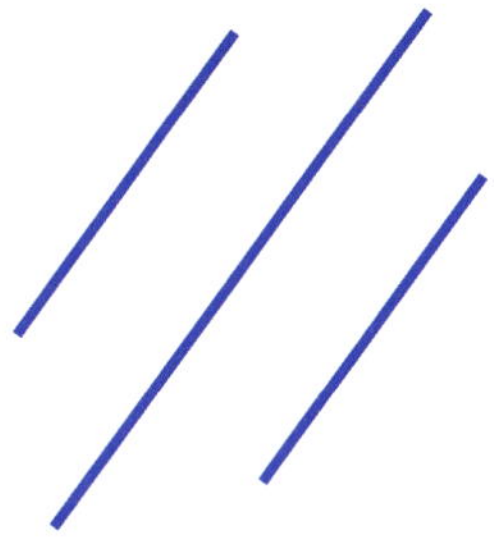

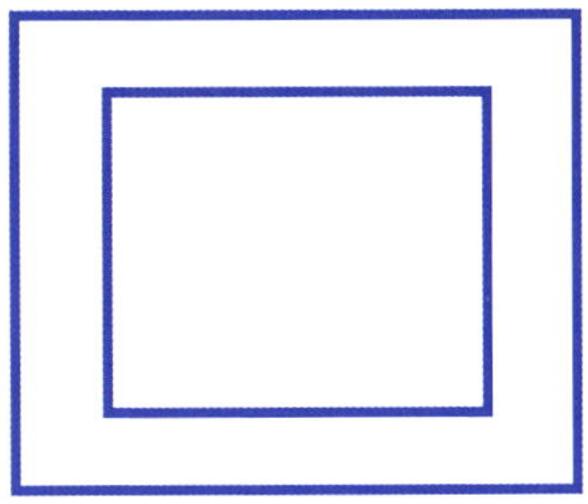

창의·인성 Work 3-23

제한된 단어만 가지고 원하는 문장을 만들어보기

자신이 원하는 20개의 단어를 적고, 20개 단어를 통해 문장을 만들어가는 방식입니다.

〈진행 방법〉

① 20개의 단어를 적게 한다.

사랑, 물, 바다, 남자, 나무, 바위, 돌, 파도, 여름, 모래, 컴퓨터, 스마트폰, 더위

② 원하는 문장을 표현한다(다섯 문장 이상의 이야기를 만들어 보세요).

- 남자가 모래 위에 사랑이란 단어를 쓰고 있다.
- 돌은 파도에 사랑 노래를 부르고 있다.
-
-
-
-
-
-

창의·인성 Work 3-24

수학에서 '1+1=2'입니다. 그런데 물방울 하나에 물방울 하나를 더하면 큰 물방울 하나가 되는 것처럼 '1+1=1'이 되는 경우를 여러 가지 적어보세요.

이와 같이 제한된 상황 속에서 자유롭게 표현하기는 스스로를 놀라게 만드는 학습효과가 있다. 시각적 표현이나 글을 통해 사물이나 생각을 구체화할 수 있다.

(2) 낱말 놀이로 생각 끌어내기

실습과제
"옛날에 (　　　　　) 호랑이가 살고 있었어요."

〈진행 방법〉

① 문장의 안에 적당한 낱말을 넣어 본다.

(첫 번째는 'ㄱ'으로 시작되는 낱말, 두 번째는 'ㄴ' 그다음은 'ㄷ'으로 시작하는 낱말 순으로 해 보세요.)

② 앞 문장 내용을 바탕으로 자신의 생각을 덧붙이는 방식이다.

창의·인성 Work 3-25

괄호 안에 다양한 단어를 넣어 보세요.

① 옛날에 ( ) 호랑이가 살고 있었어요.

- 옛날에 (귀여운) 호랑이가 살고 있었어요.
- 옛날에 (노란) 호랑이가 살고 있었어요.
- 옛날에 (더러운) 호랑이가 살고 있었어요.
- 옛날에 (리본을 단) 호랑이가 살고 있었어요.
- 옛날에 ( ) 호랑이가 살고 있었어요.
- 옛날에 ( ) 호랑이가 살고 있었어요.
- 옛날에 ( ) 호랑이가 살고 있었어요.
- 옛날에 ( ) 호랑이가 살고 있었어요.
- 옛날에 ( ) 호랑이가 살고 있었어요.

② 문장 완성하기

옛날에 귀엽고, 노랗고, 더럽고, 리본을 달고, 못생긴 호랑이가 살고 있었어요. 낱말 놀이로 생각 이끌어내기는 여러 사람이 함께할 수 있는 놀이다. 많은 사람들이 동시에 사고력을 확장할 수 있는 놀이이기도 하다. 학습 효과는 앞의 내용을 기억했다가 자신의 생각을 덧붙이는 방식으로 기억력과 집중력이 요구된다.

창의·인성 Work 3-26

다음 〈보기〉와 같이 앞뒤의 단어와 합쳐져 하나의 단어가 되도록 괄호 안에 알맞은 단어를 써넣어 보세요.

〈보기〉 총각 (김치) 독 (거미) 집 (청소) 시간

제비 (　　　　　) 수리 (　　　　　) 복

장미 (　　　　　) 가루 (　　　　　) 방울 (　　　　　) 씨앗

자동 (　　　　　) 길 (　　　　　) 등 (　　　　　) 그늘

충치 (　　　　　) 주사 (　　　　　) 국 (　　　　　) 맛

고속 (　　　　　) 시간 (　　　　　) 사기 (　　　　　) 세트

(3) 다른 사람 아이디어 변화시키기

텍스트 위주의 책보다 더 몰입해서 읽기를 좋아하는 것이 만화책이다. 특히 신문에 연재되는 만화는 전달해야 할 내용을 함축하여 그림으로 표현할 수 있는 능력이 요구된다. 유머 감각 또한 매우 요구되는 작업이기도 하다.

만화를 통해 자신이 가지고 있는 창의적 잠재력을 계발하고 다른 사람의 아이디어를 변화시켜보면서 창의력을 증진시킬 수 있는 계기가 된다. 선생님들은 학생들이 되도록 많은 대사를 생각해 내는 환경을 만드는 것이 중요하다. 완성한 후 다른 학생들과 돌려 봄으로써 다른 사람들의 생각을 함께 공유할 수 있도록 환경을 만든다.

※ 준비물을 준비할 때

학생들은 각자 신문에서 연재만화를 오려낸다. 만화의 대사 지문을 모두 지운다. 지문을 지운 만화를 옆 학생들과 교환하게 한다. 학생들은 새로운 대사 지문을 써넣으면서 무한한 상상력을 표현하게 된다.

① 대사 적어 넣기

〈진행 방법〉

㉠ 연재만화를 오려낸다.
㉡ 만화의 대사 지문을 모두 지운다.
㉢ 지운 만화를 옆 사람과 교환한다.
㉣ 가능한 한 새롭고 특이한 대사를 생각해 내도록 한다.
㉤ 새로운 대사 지문을 써넣는다.

창의·인성 Work 3-27

아래 만화에 대사를 적어보세요.

창의·인성 Work 3-28

아래 만화의 대사를 바꾸어 보세요.

엘리베이터

② **만화 그리기**(그림, 지문 완성하기)

〈진행 방법〉

㉠ 연재만화를 오려낸다.

㉡ 마지막에 해당하는 만화와 대사 지문을 모두 지운다.

㉢ 지운 만화를 옆 사람과 교환한다.

㉣ 가능한 한 새롭고 특이한 대사를 생각해 내도록 한다.

㉤ 새로운 만화를 그리고 어울리는 지문을 써넣는다.

창의·인성 Work 3-29

아래 만화에 대사를 적어 넣고 마지막 이미지를 그려보세요.

완성한 후에는 발표도 하고 다른 학생들과 돌려 봄으로써 다른 사람들의 생각을 함께 나누어 보면서 생각을 교환할 수 있다.

(4) 옛시조 각색하기

옛시조의 이해와 더불어 느낀 점을 적게 한다. 시조 전체에서 종장은 매우 중요한 역할을 한다. 종장에 중심 생각이 나타나기 때문이다. 시조 종장 채우기 연습으로 무한한 상상력을 나타내 볼 수 있다.

어버이 날 낳으셔
어버이 날 낳으셔 어질과쟈 길러 내이
우 두 분 아니시면 내 몸 나서 어질소냐
아마도 지극한 은덕을 못내 가파 하노라

① 시조 이해하기

작가	낭원군(선조의 손자) 연대:
낱말 풀이	어질과쟈: 어질게 되고 자 우 두 분: 이 두 분 어질소냐: 어진 사람이 되겠느냐
시조 풀이	부모님 날 낳으셔서 어질게 되게 하고자 길러내니 이 두 분이 아니면 내 몸이 태어나서 어진 사람이 되었겠느냐 아마도 두 분의 지극한 은덕을 갚을 수 없을 것 같노라

② 종장을 자신의 생각으로 채워 보세요.

부모님 날 낳으셔서 어질게 되게 하고자 길러내니
이 두 분이 아니면 내 몸이 태어나서 어진 사람이 되었겠느냐

③ 위 시조를 읽고 자신의 느낀 점을 10개 정도 단어로 적어보세요.

④ 10개의 단어를 조합해서 문장을 만들어보세요.

창의·인성 Work 3-30

초장, 중장, 종장을 한 장의 그림으로 표현해 본다.

부모님 날 낳으셔서
어질게 되게 하고자
길러내니

이 두 분이 아니면
내 몸이 태어나서
어진 사람이
되었겠느냐

아마도 두 분의
지극한 은덕을 갚을
수 없을 것 같노라

창의·인성 Work 3-31

비어 있는 종장을 채우며 시조 쓰기를 연습한다.

① 종장 채우기 연습 1

우리 집 어항 속엔 금붕어가 세 마리
우리 집 뒤뜰에는 강아지가 세 마리

② 종장 채우기 연습 2

하늘하늘 몸 흔들며 떨어지는 은행잎
한 잎 주워 살펴보니 모양이 꼭 부채 같아

③ 종장 채우기 연습 3

우리 집 마당 한쪽 갈라진 틈으로
비죽이 머리 내민 보라색 오랑캐꽃

(5) 동시 마무리하고 그림으로 표현하기

아래의 시는 박홍근(1919~2006) 님의 시 '구공탄'이다. 구공탄은 한때 서민들의 겨울 벗이었다. 겨울이면 집집마다 김장을 하고 구공탄을 들여다 쌓아 놓았다. 구공탄은 우리의 아련한 추억의 땔감이었다.

■ 구공탄 시 마지막 부분을 채워 보세요.

구공탄

원작: 박홍근

조심조심
양손에 구공탄 들고
허리도 못 펴고
살금살금 걷는다.

뒤따라 가던 동생이
또 한 번 건드린다.

화가 나도 구공탄은
사알짝 내려놓고
도망가는 동생을
오빠는 쫓아간다.

찬 바람 저녁 길에
구공탄 두 개

구공탄

각색: ________

조심조심
양손에 구공탄 들고
허리도 못 펴고
살금살금 걷는다.

뒤따라 가던 동생이
또 한 번 건드린다.

화가 나도 구공탄은
사알짝 내려놓고
____
____

____
____

상상력에 자유를 주면서 아이디어를 증진하기 위해서는 말로 하거나 읽는다고 해서 해결되는 것은 아니다. 반드시 직접 체험해 보는 것이 중요하다. 주변의 재활용품이나 잡지, 신문, 교과서 등 실생활 주변에서 흔히 볼 수 있는 다양한 방법으로 훈련하면 흥미와 재미를 돋울 수 있다. 몇 번의 이벤트로 학생들의 상상력이나 아이디어가 향상된다고 생각하면 착각에 불과하다. 끊임없이 반복훈련해서 체화하는 것이 중요하다. 교육과정과 교수-학습법을 통해서 학생들이 서로 협력하고 다양한 아이디어를 산출할 수 있게 만들 필요가 있으며, 일관성과 지속성을 갖는 교육이 무엇보다 중요하다.

창의·인성 Work 3-32

구공탄에 대해서 이야기해 보세요.

창의·인성 Work 3-33

구공탄을 그림으로 표현해 보세요.

02 창의 노트 만들기

창의성을 증진하기 위해서는 나만의 창의적 사고 노트를 만들어 요인별로 아이디어를 모으고 연습해 보는 것이 중요하다. 먼저 창의성의 3대 요소인 유창성, 융통성, 독창성을 비롯하여 민감성, 상상력을 중심으로 이러한 요인을 계발하면 어떤 효과를 얻는지를 살펴보고, 창의 노트의 사례를 통해 훈련해 보도록 한다.

창의성 요인을 계발하면 다음과 같은 효과가 있다(전경원, 2008).

- 유창성을 키우면 그 효과로

① 어휘력이 풍부해진다.

② 아이디어의 양이 많아진다.

③ 연상 활동을 잘하게 된다.

④ 이야기의 소재가 많아진다.

⑤ 만들기나 그리기의 양이 많아진다.

⑥ 표현력이 풍부해진다.

⑦ 모양이나 형태를 다양하게 구상하게 된다.

- 융통성을 키우면 그 효과로

① 다양한 문제해결 방법을 생각하게 된다.

② 문제가 발생했을 때 잘 대처하게 된다.

③ 기존의 생각을 새로운 상황에 잘 적용시킨다.

④ 사물을 다양하게 다루게 된다.

⑤ 조건에 맞는 답을 다양하게 찾아내게 된다.

⑥ 이미지의 특성을 잘 살려서 구상하게 된다.

⑦ 응용력이 뛰어나게 된다.

- 독창성을 키우면 그 효과로

① 문제를 특이하게 해결하게 된다.
② 재밌는 놀이 방법을 생각하게 된다.
③ 새로운 이름을 잘 짓게 된다.
④ 기존에 없는 새로운 사물을 잘 생각한다.
⑤ 전혀 다른 상황을 결합하여 새로운 형태를 잘 만들게 된다.
⑥ 남과 다른 독특한 그림을 그린다.
⑦ 기발한 아이디어를 잘 생각해 낸다.
⑧ 즉흥적인 노래나 동시를 잘 짓는다.

- 정교성을 키우면 그 효과로

① 말을 할 때 상황을 자세하게 설명한다.
② 글을 쓸 때 자세하게 표현하게 된다.
③ 그림을 그릴 때 세부적인 것을 잘 묘사하게 된다.
④ 규칙이나 목적을 지닌 정교한 게임을 잘한다.
⑤ 신체를 이용하여 자세하게 동작으로 표현하게 된다.
⑥ 미완성된 도형을 정교하게 표현하게 된다.
⑦ 주제에 맞게 꼼꼼하게 꾸미기를 잘한다.

- 민감성을 키우면 그 효과로

① 물건을 잘 관찰하는 능력이 증진된다.
② 문제를 잘 발견하게 된다.
③ 사물의 차이점과 유사점을 잘 알게 된다.
④ 숨은 그림을 쉽게 찾는다.
⑤ 냄새를 잘 맡는다.
⑥ 맛의 차이를 잘 알아맞힌다.
⑦ 사물이나 동물의 특징적인 흉내를 잘 낸다.

- 상상력을 키우면 그 효과로

① 이야기의 뒷부분을 잘 상상하게 된다.

② 가상의 인물과 사건들을 상상하여 전개한다.

③ 상상화를 잘 그리게 된다.

④ 가상적 상황을 현실에 잘 적용하게 된다.

1) 유창성을 증진시키기 위한 창의 노트 만들기

(답을 하거나 다른 질문 만들기)

Note 질문 만들기

예) 낡은 신문을 이용해서 할 수 있는 것들은 무엇일까?

Note 시각적 아이디어 만들어내기

문제) 주어진 선을 이용해서 그림을 그려보세요.

2) 융통성을 증진시키기 위한 창의 노트 만들기

(답을 하거나 다른 질문 만들기)

Note 질문 만들기

예) 망치가 없는데 못을 박는 방법은?

Note 문장 만들기

두 그림을 보고 공통된 단어를 찾아 문장을 만들어 보세요.

Note 시각적 아이디어 만들어내기

그림을 보고 상징화된 이미지를 만들어 보세요.

3) 독창성을 증진시키기 위한 창의 노트 만들기

(답을 하거나 다른 질문 만들기)

Note 질문 만들기

예) 구멍 난 고무장갑을 이용해 할 수 있는 것들은 무엇일까?

Note 시각적 아이디어 만들어내기

도형을 활용해 그림을 완성해 보세요.

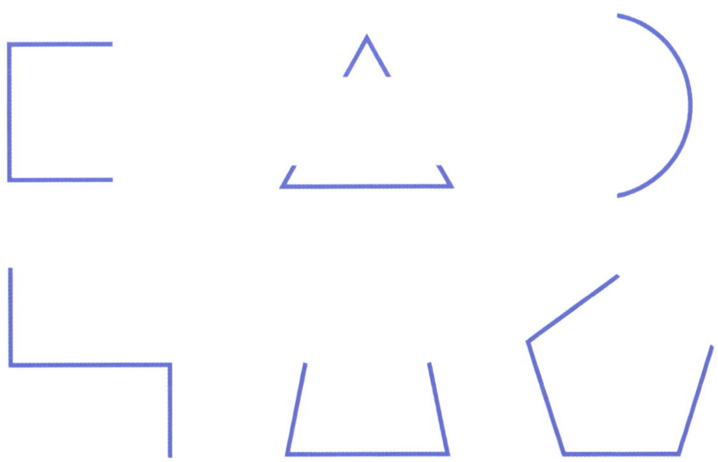

4) 정교성을 증진시키기 위한 창의 노트 만들기

Note 질문 만들기

예) 공룡을 주제로 한 파티를 계획해 보세요.

Note 문장 만들기

'산'과 '노인'이란 단어로 문장을 만들어 보세요.

Note 시각적 아이디어 만들어내기

숫자 1, 2, 3을 이용하여 재미있는 그림을 그려보세요.

1 2 3

5) 민감성을 증진시키기 위한 창의 노트 만들기

Note **질문 만들기**

예) 코뿔소의 코는 왜 단단한 걸까요?

Note **문장 만들기**

토끼는 왜 화를 낼까요?

출처: 홍길희(2018).

Note **시각적 아이디어 만들어내기**

문제) 고무장갑을 보면서 연상되는 그림을 그려보세요.

6) 상상력을 위한 창의 노트 만들기

태산이 높다 하되

양사언

태산이 높다 하되 하늘 아래 뫼이로다
오르고 또 으르면 못 오를 리 없건마는
사람이 제 아니 오르고 뫼만 높다 하더라

창의·인성 Work 3-34

위 시조를 읽고 무한한 상상력으로 그림을 그려보세요.

CHAPTER 4
창의·인성 발달과 교육

01 창의성의 발달

1) 창의성의 발달과정

학자들은 창의성이 모든 인간이 지닌 보편적인 능력이라고 주장한다. 이러한 보편적인 능력이 연령에 따라 발달하는지는 연구자마다 다른 결과를 보고하고 있으나, 대체로 연령이 증가함에 따라 발달하는 것으로 보고하고 있다. 특히 창의성의 발달에 있어 유아기가 중요한 시기임을 주장하는 학자들이 있다.

두덱(Dudek)은 인생의 초기 5년은 창의성 발달에 결정적인 시기로 창의적 태도나 능력이 이 시기에 축적되지 않으면 그 이후에는 아무 희망도 보이지 않고, 만약 누군가에게 갑자기 40세에 창의적 산출력이 나타난다면 그것은 아동기에 개발된 그의 잠재적 창의력이 표현된 것이라고 하였다(홍길회, 2018 재인용). 그는 유아의 창의성은 보편적이며 선천적이고 자동적인 것으로, 매우 이른 나이인 5세경에 사라지기 시작한다고 하였는데, 이는 사회의 지속적인 압력의 결과로, 9세, 12세에는 창의성이 더욱 급격히 감소하며, 모든 성인은 상당히 비창의적이라고 하였다(하주현, 2000).

토랜스(Torrance, 1995)는 유아기가 창의성 발달에 있어 중요한 시기로 창의성 계발에 필요한 창의적 상상력은 4세에서 4년 6개월 사이에 가장 발달하며, 학교에 들어가는 시점인 5세경에 조금씩 떨어진다고 하였다. 이것은 경직된 학교제도, 사회·문화적인 환경에 의한 것이지 발달적 특징은 아니라고 하였으며, 창의성이 절정에 달하는 유아기 때부터 창의성교육이 시행되어야 한다고 하였다.

창의성이 유아의 연령에 따라 어떻게 발달하는지를 설명하고자 했던 리건(Ligon)은 유아의 창의적 성장 및 발달에 대한 연구를 통해서 연령별 특징을 제시하였다(양윤정, 2001, 재인용). 창의성의 발달과 관련된 주요 특징들은 다음과 같다.

2~4세 유아는 직접적인 경험을 통해서 세상에 대해 배우며 언어 경험을 되풀이하면서 상상놀이를 즐긴다. 유아는 자연의 신비에 대해서 감동하고 특별한 제지가 없으면 이리저리 옮겨 다니며 스스로 무엇인가를 행하기를 원한다. 환경에 대한 유아의 호기심은 계속되고 자신의 독특한 방식으로 탐구한다. 이 기간에 주변을 관찰하고 놀이 경험들을 통해서 유아의 창의성이 발달하게 된다.

4~6세 유아는 자기가 참여할 놀이를 계획하는 일과 노작적인 작업을 즐기기 시작한다. 유아는 모방하는 극 놀이를 배우게 되고, 언어놀이, 자신의 경험을 여러 가지의 매체를 통하여 표현하게 된다. 이 시기에 말 이어가기, 비슷한 말 찾기, 그림카드 놀이, 그림 그리기 등의 경험은 유아의 창의성 발달에 매우 중요하다.

6~8세의 아동은 창의적인 사고를 할 때에 사실적인 것을 추구하고, 놀이를 할 때에도 실제를 자세히 모방하려 하며, 현실주의적인 경향을 나타내기 때문에 놀이에서조차 현실적인 세부 사항들을 재산출하려고 한다. 이 시기는 환상을 거부하므로 점차 상상력이 메말라 가게 된다.

이와 같이 영유아기는 창의성이 발달하는 시기로 다양한 방식으로 창의적 사고를 자극할 때 유아의 창의성이 더욱 발달할 수 있다. 학령기 아동은 점차 상상력을 거부하게 되는데, 이 시기에 아동의 창의력은 보다 현실주의적인 경향을 나타내면서 발달한다.

2) 창의성 발달에 영향을 주는 요인들

(1) 창의성과 교육기관

유아의 창의성에 영향을 미치는 변인은 교사의 특성 및 가치관, 수업 분위기 등이라고 조사되어 왔다(최경, 2010; Torrance, 1981). 교사가 유아들에게 창의적인 문제해결 과정을 경험시키는 프로젝트 접근법을 통해 유아의 창의성이 향상되었다는 보고(김혜지, 2012; 박은좌, 2004), 창의적인 미술, 발레 등의 예술 교육이 유아의 창의성을 증진시켰다는 보고(김옥연, 2012)들을 통해서 교사의 지도가 유아의 창의성을 증진시키는 데 의미 있게 영향을 미치고 있음을 알 수 있다.

(2) 창의성과 부모 양육

부모 양육이 창의성의 발달에 어떠한 영향을 미치는지에 대해서는 일관된 결과가 보고되고 있지 않다. 같은 양육 방식일지라도 유아에 따라 창의성을 증진시킬 수도 혹은 그 반대의 효과를 미치거나 전혀 영향을 미치지 못할 수도 있다는 것이다.

대체적으로 많은 연구자들은 유아의 창의성을 증진시키는 양육의 원리를 보고해 왔다. 유아의 창의성이 부분적으로 유전적인 요인에 기인할 수 있지만 많은 부분이 부모 양육에 대한 조기 적응 과정에서 비롯되는 것으로 부모의 양육 태도가 권위적, 보수적, 과잉 보호적인 경우에 유아의 창의성을 제한하고, 부모가 애정적이고 친밀감이 클수록 유아의 창의성이 높은 것으로 나타났다고 하였다(이지영, 2012).

창의성에 영향을 미치는 부모 양육의 원리에 대해서 많은 연구자들은 부모가 민주적이고 애정적일수록 자녀의 창의성이 높게 나타나고, 자유롭게 질문하고 탐색할 수 있는 자율적이고 허용적인 분위기를 조성할수록 자녀가 더 높은 창의성을 지니게 된다고 하였다. 자녀가 적절하지 못한 질문이나 아이디어를 표현하더라도 부모는 그것을 먼저 경청하고, 수용하고, 존중하는 분위기에서 자녀의 창의력은 증진될 수 있다.

02 두뇌발달과 창의성

1) 두뇌 구조

우리 두뇌는 대략 1조 개의 뇌세포가 있으며 뇌의 무게가 성인 남자는 1.4kg, 성인 여자는 1.2kg이다. 한 개의 뇌세포는 동시에 10,000개의 뇌세포에 연결되어 있다. 이 뇌세포에 들어오는 모든 정보의 자료는 100만 분의 1초 만에 계산되어 적절한 경로로 다시 내보내지게 된다. 여기에 수신된 메시지나 생각, 재생된 기억 등이 하나의 세포에서 다른 뇌세포로 전달될 때 생화학적 전진 경로가 만들어진다. 이 각각의 신경 세포를 전달하는 경로를 우리는 '기억흔적(記憶痕跡, memory trace)'이라 부르고 있다. 즉, 우리가 경험한 내용이 나중에 생각나는 것은 그것이 어떤 형태로든 그 개체에 남아 있었기 때문이라고 생각하는 것이 기억흔적이다.

이와 같은 두뇌 구조에서 사고 패턴(pattern)이나 사고지도(map)를 반복할수록 그것에 작용하는 저항은 줄어들게 되며, 반복은 본질적으로 반복의 가능성을 증대시키게 된다. 이와 같이 우리 인간의 두뇌는 여러 면에서 이전의 사고 경로를 창조하고 이용하는 IQ와 무한한 잠재력을 지니고 있고 우리가 뇌를 사용할수록 시냅스(synapse) 수가 증가한다(홍길회, 2018 재인용).

TIP 시냅스(synapse)

우리 뇌에는 수천억 개의 신경세포(neuron)가 존재한다. 이런 세포는 서로 복잡한 신경망으로 구성되어 있다. 1개의 신경세포는 수천 개의 다른 신경세포와 신호를 주고받는다. 신경세포는 '시냅스'라고 하는 연결을 통해 학습 기억 등 지적 능력을 발휘한다. 즉 '시냅스'란 신경세포 사이의 접합부를 가리킨다.

2) 두뇌의 발달단계

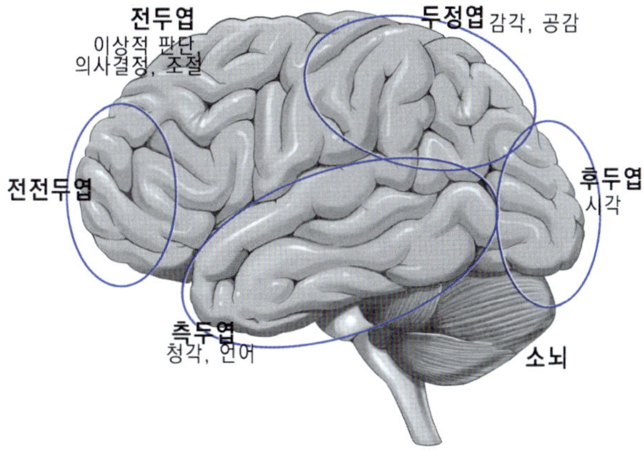

그림 4-1 뇌의 구조

(1) 1단계(0~3세): 전뇌가 골고루 발달

출생 시에 성인의 25%인 350g에 불과하던 뇌는 생후 1년 만에 1000g에 도달할 정도로 급성장한다. 반면에 뇌의 신경세포 수는 약 140억 개로 태어날 때 일정한 수를 지니게 된다. 머리의 좋고 나쁨은 이 신경세포의 얽히는 정도, 즉 시냅스 발달의 양과 정교성에 의해 결정된다.

두뇌는 만 3세까지 일생 동안 가장 활발하게 발달하며, 대뇌 피질을 이루는 부분들이 골고루 발달한다. 따라서 다양한 영역의 정보를 왕성하게 받을 수 있도록 하는 것이 두뇌 발달의 기초가 된다고 할 수 있다.

(2) 2단계(3~6세): 전두엽 발달

전두엽은 대뇌에서 가장 큰 피질로 모든 감각이 모이는 곳이다. 고도의 종합적인 사고 기능과 사회성, 사고방식, 운동신경을 모두 좌우하는 곳으로 주로 합리적 판단과 대인관계능력, 실행능력을 담당한다. 전두엽은 얼굴 정면에서 보았을 때 이마 안쪽에 있는 뇌로 기억력과 의지력, 인내력, 논리적 사고, 감정조절, 판단력 등을 관장한다.

전두엽에서 가장 주목할 만한 부위는 인간 고유의 정신 기능을 담당하는 앞부분의 전전두엽(prefrontal cortex)이다. 전전두엽은 행동을 주시하고, 감독하고, 이끌고, 지시하고, 집중시키는 일을 하고 있는 매우 중요한 부위다. 인간은 전전두엽을 통해 사회적 관계를 조정하고, 계획을 수립하며, 최종 결정을 내리게 된다. 전전두엽은 인간의 공감과 윤리, 도덕적 능력 등을 담당하고 있어(사이언스타임즈, 2017) 전전두엽과 인성 간에는 밀접한 관계가 있다.

이처럼 전두엽은 인간이 인간다움을 유지하고 성숙할 수 있도록 기능하는 뇌 부위로 이성적 사고와 판단, 추상적 사고, 행동과 감정의 조절, 창의성, 공감과 같이 인간적인 모습을 유지할 수 있도록 만들어주는 역할을 한다.

전두엽이 충분히 발달되어 있는 경우, 인간은 사회적, 도덕적, 감정적으로 안정되어 있으며, 논리적, 계획적, 창의적이며, 자기조절 능력이 뛰어나며, 타인의 감정을 이해하고 공감하는 능력이 높다. 그러나 전두엽이 충분히 발달되지 않거나 손상을 입은 경우, 인간은 감정적으로 불안정하고, 순간적인 충동에 따라 행동하기 쉽고, 타인의 감정을 이해하기 어렵고, 자기조절 능력이 부족할 수 있다.

따라서 전두엽의 발달과 기능은 인간의 인성에 큰 영향을 미치며, 인간의 인성을 향상시키기 위해서는 전두엽을 포함한 뇌의 다양한 영역을 적극적으로 발전시키는 노력이 필요하다.

(3) 3단계(6~12세): 측두엽, 두정엽 발달

측두엽은 언어 기능, 청각 기능을 담당하고, 두정엽은 공간 입체적인 사고 기능, 즉 수학·물리학적 사고를 담당한다. 따라서 이 시기는 외국어를 비롯하여 말하기, 듣기, 읽기, 쓰기 교육이 효과적으로 이루어질 수 있으며, 자신의 의사 표현을 제대로 할 수 있고, 논리적으로 따지기 좋아하는 특성을 보이게 된다.

(4) 4단계(12세 이후): 후두엽, 모든 기능이 발달

이 시기는 시각적인 기능의 발달이 왕성하게 이루어지므로 자신의 주위를 훑어보고 자신과 타인의 차이를 확실히 알고 자신의 외모를 꾸미려고 애를 쓴다. 연예계 스타에게 열광하는 것도 이와 같은 뇌 발달과 관련되어 발생하는 경향이라 할 수 있다.

3) 좌 · 우측 뇌의 기능

우리 뇌는 좌·우측 뇌로 구성되어 있으며 두 조직은 각기 고유의 기능을 갖는 것으로 알려져 있다. 좌·우측 뇌는 상호 뇌량이라는 신경 조직을 통해 정보를 교환하고 있는데, 1초에 수만 번의 상호 교류로 하나의 통합된 기능 수행이 이루어지고 이에 따른 기억의 흔적을 남기게 된다.

뇌의 기능은 좌뇌와 우뇌로 나누어 서로 다른 기능으로 분할되어 있다.

좌뇌의 기능은 언어의 구조화하기, 낱말의 의미 파악, 계산, 숫자, 낱말 암기 등과 같은 기능을 하며 계열적, 언어적, 논리적, 분석적인 특성이 있다.

우뇌의 기능은 얼굴 기억, 각종 음향 인지, 점 위치 파악 등 지각형태 파악과 같이 덜 구조화된 일들이 우뇌의 기능으로 특정 지워진다.

즉, 좌뇌는 언어능력 위주이고, 우뇌는 주로 예술적 사고와 밀접함을 지니는 것으로 정리할 수 있다. 직관, 무의식, 심상은 우뇌의 기능으로 창의성을 높이는 데 직접적으로 관련되어 있다.

좌뇌는 이성에 관계된 부분을 담당하며, 사실을 있는 그대로 보고 분석·종합하며, 수학을 풀고 논리적으로 사고하는 계산적인 두뇌로 과학기술 등을 운영·관리해 가는 두뇌이다. 반면, 우뇌는 감정의 기능을 담당하며, 주관적이며, 편견이나 결단력·의지력을 관장하며, 선과 악에 대한 분별력과 도덕심, 창의성과 상상력, 가치관이나 종교, 문화, 예술을 창조하고 운영·관리해 가는 두뇌이다.

좌·우뇌의 활동과 사고와의 관계는 아직 일관성이 있는 결론으로 도출되고 있지 않지만, 창의적 사고가 직관적이고 전체적이며 융통성 있는 사고를 필요로 한다는 점에서 최소한 우뇌의 특성과 연관성을 가짐을 부인할 수 없다.

4) 좌·우뇌의 인지 특성

좌뇌의 인지 특성	우뇌의 인지 특성
• 주지적이다. • 언어적인 지시와 설명에 잘 반응한다. • 문제를 부분적으로 나누어 순서에 따라 이론적으로 해결해 간다. • 논리적인 문제해결을 좋아한다. • 객관적으로 판단한다. • 계획적이고 구조적이다. • 확고하고 확실한 정보를 좋아한다. • 분석적으로 독서한다. • 사고와 기억 활동에서 주로 언어에 의존한다.	• 직관적이다. • 시범, 도해 기타 상징적인 지시에 더 잘 반응한다. • 문제를 전체적인 패턴을 보고 예감이나 육감으로 해결해 간다. • 직관적으로 판단한다. • 유동적이며 자발적이다. • 알쏭달쏭하고 확실하지 않은 정보를 좋아한다. • 통합적으로 독서한다.

출처: 문정화 외(1999). 또 하나의 교육 창의성. 학지사. p. 112.

좌·우뇌의 인지 특징에서 보듯이 우뇌는 문제를 해결하는 데 전체적인 패턴을 보려 하고, 융통성 있고 통합적인 사고를 한다. 도해나 기타 상징적 지시, 회화적 사고와 관련되어 있다. 이러한 특성은 창의적 사고에 필요한 특성인 동시에 심상적 사고의 특성과도 매우 일치한다.

그러므로 창의적 사고 과정과 심상은 우뇌를 공유하며, 서로 상호 보완적인 필요성을 통하여 정적 상관이 있음을 유추할 수 있다.

이상에서 살펴본 것처럼 창의적인 능력은 이전에 존재하지 않았던 새롭고 유용한 것을 생산하기 위한 창의적 활동에 있어서는 우뇌의 기능임에 틀림없는 것 같다. 하지만 창의적 사고는 일종의 목적 지향적인 문제해결 활동으로 좌·우뇌의 기능적 특성이 동시 연합되어야 하고 좌·우뇌의 통합적 활용이 바람직하다고 볼 수 있다.

창의·인성 Work 4-1

자신의 좌뇌와 우뇌 경향을 알아보시오.

TIP 좌뇌, 우뇌 특성 조사

1. 음악당이나 영화관이나 강연장 등에서 어느 쪽에 앉기를 좋아합니까?

   가. _____ 오른쪽　나. _____ 왼쪽　다. _____ 중간

2. 생각을 요하는 질문을 받았을 때 당신은?

   가. _____ 왼쪽으로 고개를 돌리는 경향이 있다.
   나. _____ 오른쪽으로 고개를 돌리는 경향이 있다.
   다. _____ 질문한 사람을 향하여 고개를 돌리는 경향이 있다.

3. 당신은?

   가. _____ 외향성이다.　나. _____ 내향성이다.

4. 당신은?

   가. _____ "낮에 더 능률이 오르는 사람"이다.
   나. _____ "밤에 더 능률이 오르는 사람"이다.
   다. _____ 밤이나 낮이나 같다.

5. 다음에 제시된 일을 처리하는 특성이나 기법들 중 당신이 특별히 잘한다고 생각되는 것 네 가지를 골라 ○표를 하고, 잘 안 되는 것 네 가지를 골라 ×표하시오.

(1) 시간관리 _____
(2) 업무의 체계화 _____
(3) 치밀한 계획 _____
(4) 창의적인 문제해결 _____
(5) 남을 설득하기 _____
(6) 주도권 행사 _____
(7) 다른 사람을 지도하기 _____
(8) 개념화하기 _____
(9) 통제하기 _____
(10) 흥미나 동기유발 _____
(11) 자기 단련 _____
(12) 프로그램 개발 _____
(13) 시간 지키기 _____
(14) 예산관리 _____
(15) 통합하기 _____
(16) 타인의 동기유발 하기 _____
(17) 자문하기 _____
(18) 공손함 _____
(19) 지각력 _____
(20) 책임감 _____

(21) 선견지명	______	(24) 실용성	______
(22) 의존성	______	(25) 경력	______
(23) 통찰력	______	(26) 영감	______

6. 다음에 제시된 낱말들 가운데 당신을 가장 잘 설명하는 것 다섯 개를 고르시오.

(1) 분석적인	______	(11) 감정적인	______
(2) 논리적인	______	(12) 전체를 볼 줄 아는	______
(3) 음악적인	______	(13) 영향력 있는	______
(4) 예술적인	______	(14) 지성적인	______
(5) 수학적인	______	(15) 통합력 있는	______
(6) 말 잘하는	______	(16) 공간 중심적인	______
(7) 혁신적인	______	(17) 계산 중심적인	______
(8) 직관적인	______	(18) 독서가	______
(9) 자제력 있는	______	(19) 종합적인	______
(10) 꼼꼼한	______	(20) 주관적인	______

7. 다음 구절 중 당신에게 가장 합당한 것 네 개를 고르시오.

(1) 나는 강력한 리더십이 있다.
(2) 나는 독립적으로 일하기를 좋아한다.
(3) 나는 나돌아다니거나 사교 활동을 좋아한다.
(4) 나는 예술을 매우 좋아한다.
(5) 나는 성실하고 책임감 있다.
(6) 나는 내 자신이 매우 감수성이 예민하다고 생각한다.
(7) 나는 집단 활동에 참여하기를 좋아한다.
(8) 나는 조직적이지 못하다.
(9) 나는 사회적 감각이 좋은 편이다.
(10) 나는 자주 나 자신에 대해서 비판한다.
(11) 나는 사회적 관례나 가치를 존중한다.
(12) 나는 가끔 지적 능력을 의심한다.

채점 방법

1. 가=1　나=10　다=5

2. 가=10　나=1　다=5

3. 가=2　나=8

4. 가=2　나=8　다=5

5. (1) ○=2 ; ×=7　(2) ○=7 ; ×=2　(3) ○=2 ; ×=7
(4) ○=8 ; ×=2　(5) ○=2 ; ×=8　(6) ○=7 ; ×=2
(7) ○=2 ; ×=7　(8) ○=7 ; ×=2　(9) ○=2 ; ×=8
(10) ○=7 ; ×=2　(11) ○=2 ; ×=7　(12) ○=7 ; ×=2
(13) ○=1 ; ×=8　(14) ○=2 ; ×=7　(15) ○=7 ; ×=2
(16) ○=2 ; ×=7　(17) ○=7 ; ×=2　(18) ○=1 ; ×=8
(19) ○=8 ; ×=2　(20) ○=2 ; ×=7　(21) ○=7 ; ×=3
(22) ○=2 ; ×=7　(23) ○=8 ; ×=3　(24) ○=2 ; ×=8
(25) ○=7 ; ×=3　(26) ○=8 ; ×=2

6. (1)=3　(2)=2　(3)=9　(4)=9　(5)=3　(6)=4
(7)=8　(8)=8　(9)=2　(10)=3　(11)=7　(12)=8
(13)=3　(14)=3　(15)=8　(16)=8　(17)=2　(18)=5
(19)=8　(20)=3

7. (1)=2　(2)=8　(3)=2　(4)=8　(5)=2　(6)=7
(7)=3　(8)=7　(9)=3　(10)=7　(11)=3　(12)=7

점수 합계　36~79점 : 왼쪽 뇌 중심적이며,
80~123점 : 양쪽 뇌 우수하며,
124~167점 : 오른쪽 뇌 중심적이다.

03 창의적 사고방식

창의적 사고방식은 창의적 문제해결 과정에서 수렴적 사고, 확산적 사고, 분석적 사고, 비판적 사고방식을 가장 적절한 순서로 사용하여 당면한 문제를 해결할 수 있다는 사고방식이다. 이러한 문제해결 과정에 있어서는 수렴적 사고와 확산적 사고 등 다양한 사고가 함께 일어나므로 통합적인 접근이 필요하다.

1) 수렴적 사고(convergent thinking)

수렴적 사고는 문제를 해결하기 위해 사용하는 사고방식의 한 종류로 밖에서 안으로 좁혀 들어가는 사고로 IQ 시험 등과 같이 하나의 정답을 찾아가는 과정으로 과학 지향적이다. 여러 대안 가운데 가장 효과적이고 효율적인 대안을 선택하는 과정으로 지식과 논리법칙을 동원하여 여러 가지 가능한 해결책 가운데서 가장 적합한 답을 모색해 가는 사고방식이라고 할 수 있다. 수렴적 사고는 지능과 직접적 관련이 있으며, 창의적 문제해결 과정에서는 논리적이고 체계적으로 아이디어를 평가하고 최선의 것을 선택하여 문제를 재구성하는 데 '수렴적 사고'가 필요하다. 이러한 인지적 활동에서는 '수렴적 사고'가 필요하다.

TIP 수렴적 연쇄질문

수렴적 연쇄질문을 보면 문제의 기본요소를 파악하여 해결방안을 찾기 위해 '왜?'라는 질문(이유)을 하게 된다. 수렴적 연쇄질문의 예를 들어보면

- "왜 당신은 새로운 변화를 시도하십니까?"
- "왜 이것이 문제가 되는가?"
- "이것이 왜 중요한가?"
- "왜 팀 과제를 싫어합니까?"

하나의 결정적인 답변으로 이어지는 일련의 집중적이고 구체적인 질문을 함으로써 원하는 결과로 안내하거나 특정 결론에 도달할 수 있다.

2) 확산적 사고(divergent thinking)

확산적 사고는 안에서 밖으로 뻗어 나가는 사고로 미리 예측되지 않은 또는 정해져 있지 않은 다양한 해결책이나 답을 모색해 나가는 사고방식이다. 어떤 문제에 직면했을 때 가능한 한 여러 가지의 해결 방안을 떠올리는 사고는 확산적 사고에 해당한다. 확산적 사고는 각 문제마다 많은 답을 요구하는 예술 지향적이며 창의적 발상과 밀접한 관련이 있다.

TIP 확산적 연쇄질문

확산적 연쇄질문은 다른 요소가 연관되어 있는지 파악하기 위해 문제의 범위를 확대하여 '이것이 무엇에 관한 것인가?'라는 질문을 하게 된다.

확산적 연쇄질문의 예를 들어보면

"이 일을 좀 더 잘하려면 어떤 점을 바꿔야 할까요?"

"어떻게 하면 무사히 진행을 할 수 있는가?"

"어떻게 하면 이 일을 여러 단계로 나누어서 부담을 줄일 수 있는가?"

이러한 질문은 여러 가지 해결 방법을 떠올리는 사고를 하게 된다.

3) 분석적 사고(analyst thinking)

과학적 문제해결 방법 중의 하나로 문제를 해결하기 위한 수행과정에서 분석적으로 생각하는 습관을 갖도록 하는 것이 분석적 사고이다. 자료 탐색 과정에서 지식, 정보 관찰, 수집, 감정이 포함되는데, 이때 분석적 사고가 필요하다. 분석적 사고를 위한 기법으로는 육하원칙을 들 수 있다. 대체로 분석적 사고를 가진 사람은 눈앞에 놓인 문제가 무엇인지 먼저 파악한다. 다른 사람이 제시하는 정답이 아닌 스스로 내린 결론에 더 주목함으로써 결론에 도달하는 과정을 중요시하고, 논리적이고 분석적으로 사고함으로써 부정적인 사고를 없애는 특징이 있다.

4) 비판적 사고

비판적 사고란 여러 가지 상황들을 깊이 생각하여 사건의 의미, 본질 등을 찾아내기 위해 정보를 분석하고 평가하는 정신적 과정이다. 어떤 사건이나 사실에 대해 깊이 생각하고 현실을 있는 그대로 받아들이지 않는 것을 비판적 사고라 한다. 비판적 사고는 특히 참이라고 주장되는 진술이나 명제가 주 대상이다. 진술의 의미를 파악하고, 제공된 증거와 추론을 검사하고, 사실들에 대해 판정을 내리는 과정을 가진다. 문제해결을 위한 비판적 사고는 자신 앞에 놓인 수많은 지식이나 정보를 단순히 이용하는 데 그치는 것이 아니라, 이를 분석하고 판단하여 옳고 그름을 통해 체계적 분류를 가능하게 하고 문제를 해결하는 데 많은 도움이 된다.

종합해보면 창의적 사고란 문제가 있거나 아이디어를 필요로 하는 상황에서 다양한 생각들을 구상해 내는 능력이며, 다양한 아이디어를 도출해 내거나 정교하게 할 수 있는 것을 말한다. 토랜스(Torrance, 1995)는 창의적 사고를 어려움과 문제를 감지하고 정보에서 틈을 찾아내고 빠진

요소나 잘못된 무엇인가를 찾아내, 이러한 결함에 대해 추측하고 가설을 내세워 그 추측과 가설을 평가하고 검증하며 이것들을 재수정하고 재검증하여 마지막으로 그 결과를 전달하는 과정이라고 정의하였다.

창의적인 사고는 창의적 문제를 해결하기 위한 창의적 해결법을 만들어내는 정신적인 과정으로 문제해결 과정에서 특별한 형태로 어떤 도움을 받기보다는 스스로 문제를 해결하는 것이다. 창의적으로 문제를 해결하는 과정에서 다양한 아이디어를 산출하게 되고 그 아이디어를 평가하고 최선의 것을 선택하게 된다.

창의적으로 문제를 해결하는 과정에서 확산적 사고와 수렴적 사고, 분석적 사고, 비판적 사고를 종합하는 사고가 필요하다. 이유는 창의적 문제해결 과정에서는 우선 다양한 아이디어를 찾기 위해 확산적 사고가 필요하지만, 궁극적으로 이들 중에서 가장 좋은 아이디어를 선택하고 평가하며 재구성하기 위해서는 수렴적 사고와 비판적 사고 및 분석적 사고가 필요하기 때문이다. 이 과정에서 팀워크, 의사소통 능력, 심적 장애, 극복 능력, 기억 능력, 시각화 같은 전문적인 도구가 이용되는 총 뇌적 활동(whole brain activity)이 필요하다. 예컨대 창의적 문제해결 과정의 첫 단계인 목적 발견 단계에서 확산적인 사고를 통해 다양한 기회와 도전할 수 있는 것들을 찾아야 하고, 다음에 이러한 아이디어 중에서 수렴적 사고를 거쳐서 우선순위를 정 하고 다시 한번 검토하면서 어떤 것이 진정한 목적인지 결정할 수 있어야 한다. 그다음 단계에서도 목적 발견 단계와 마찬가지로 확산적 사고와 수렴적 사고는 계속해서 반복되면서 진행된다.

창의·인성 Work 4-2

사각형 놀이터와 타원형 놀이터가 있습니다. 유아교육 현장에서 창의적 사고(수렴적 · 확산적 · 분석적 · 비판적)를 위한 질문들을 만들어보세요.

창의·인성 Work 4-3

유아교육 현장에서 유아와 함께 육하원칙을 활용할 수 있는 예를 들어 보시오.

예) 주말 지낸 이야기 (언제, 누구랑, 어디서, 무엇을, 어떻게, 왜 했나요?)
우리 몸이 궁금해! (땀은 무엇일까요? 왜 손을 씻어야 할까요?)
과학이 궁금해! (설탕은 왜 녹을까요? 언제 번개가 칠까요?)

04 창의성 발달을 저해·증진하는 요인

1) 창의성 발달을 저해하는 요인

일찍이 애머밀(Amabile, 1996)의 창의성을 떨어뜨리는 여섯 가지를 제시하였는데, 내용은 다음과 같다.

첫째, 평가될 것이라는 생각: 작업 내용이 평가될 것이라는 데에 지나치게 신경을 쓰는 사람이 그렇지 않은 사람에 비해 창의성이 떨어진다.

둘째, 감시 감독의 눈: 작업을 할 때 누군가 감시한다는 생각을 하는 사람이 감시에 별로 신경을 쓰지 않는 사람에 비해 창의성이 떨어진다.

셋째, 보상만을 추구하는 사람: 눈에 보이는 보상만을 생각하며 일하는 사람들이 보상에 별로 신경을 쓰지 않는 사람에 비해 창의성이 떨어진다.

넷째, 경쟁: 경쟁을 해야 한다는 위협적인 분위기 아래서 일하는 사람이 경쟁을 강요받지 않는 사람들보다 창의성이 떨어진다.

다섯째, 선택이 제한되어 있는 경우: 과제를 수행할 때 선택이 제한돼 있는 사람이 자유롭게 선택할 수 있는 사람보다 창의성이 떨어진다.

여섯째, 외적인 동기유발: 일을 할 때 외적인 이유에 집착하는 사람이 내적인 동기유발자에 비해 창의성이 떨어진다. 외적인 동기유발이 모두 나쁘다는 것을 의미하지는 않는다. 실제로 틀에 짜여 있는 일을 하는 사람들에게는 창의성이라는 것 자체가 요구되지 않고 외적인 동기유발이 필수적일 수도 있다. 계산을 해야 하거나 장부를 적는 데 특별히 기발한 아이디어가 필요하지 않다. 이런 종류의 직업에서는 보상, 평가가 있을 것이라는 기대, 감독 등이 정시에 더 효율적으로 일을 완수하게 한다. 그러나 유아들에게 창의적인 훈련을 시킬 때는 내적으로 동기유발이 되도록 격려해야 한다.

창의력 사고를 저해하는 걸림돌에는 공포, 부정적 사고, 소극적 태도, 권위에 맹종 등이 있는데 일차적으로 감정적인 걸림돌 요소를 제거할 필요가 있다. 고정관념이나 선입관 등 '아는 것이 병'이란 말이 있듯이 앎의 요소를 제거할 필요가 있다. 또한 전례와 관행 등 문화적 걸림돌 요소를 제거해 창의적인 환경을 만들어 갈 필요가 있다.

창의력 사고를 촉진하는 조건에는 아동들의 다양한 의견을 수용하고 이해할 수 있는 안정감 있는 분위기를 조성해 나가는 것이 중요하다. 흥미, 욕구를 자극하는 환경 조성과 자유로운 분위기 속에서 개인적인 동기유발을 해 줄 필요가 있다. 교사의 지적 호기심과 감수성 속에서 교사와 협력적인 지도 체제 형성이 중요 하다. 클럽(Club)을 조직한 집단 활동 통해 적절한 자기 개념이 형성되도록 하고, 유창성 육성에 힘쓸 필요가 있다.

TIP 창의성 발달의 저해 요인

1. 과거의 습관이나 경험
2. 잘못된 정보와 부족한 지식, 고정된 사고
3. 태도와 성격
   - 겸손과 양보의 미덕
   - 소극적 태도, 부정적 사고
   - 서두름, 노력의 부족, 권위에의 맹종
4. 문제해결 방법의 미숙
   - 첫 아이디어에 집착하기
   - 성급한 판단, 경험에 바탕을 둔 판단
   - 지나치게 높은 동기
   - 쉬지 않고 노력하는 행위
   - 구체적 또는 실제적인 것에 관심을 둠
   - 복잡한 것을 참지 못함
   - 판단 또는 평가를 보류하거나 연기하는 데 익숙하지 못함
5. 규범의식
   - 지식, 권위, 신념에 대한 과대평가
   - 상호 의사소통을 배제하는 고립된 학습
   - 힘과 지위에 의한 강제의 강조
6. 조직 환경에서의 위축 요인
   - 규범과 원리, 절차의 지나친 강조
   - 새로운 아이디어에 대한 저항
   - 자기방어 본능 의식의 팽배
   - 소극성, 부정적 의식, 경험에 집착하는 경영진의 의식
   - 변화를 싫어하는 환경의 속성(안정과 현상 지향성)
   - 시간에 쫓기는 생활환경
   - 문제의식의 부족
   - 수직적 의사소통 채널로 인한 장벽
   - 자율권 침해에 대한 반발(내 영역)
   - 협동을 지나치게 강조하는 풍토
   - 지나치게 세부적인 계획
   - 복종과 순응을 강조하는 풍토

한편 아래의 고정관념을 본 외호(Von Oech, 1983)는 창의성을 저해하는 정신적인 장애라 표현하였다.

TIP 창의성을 저해하는 고정관념

첫째, 항상 한 가지 정답만이 존재한다.
둘째, 논리적이지 않은 것은 허용이 안 된다.
셋째, 항상 규칙을 지켜야 한다.
넷째, 실용적이어야 한다.
다섯째, 노는 것은 쓸데없는 짓이다.
여섯째, 그것은 내 영역이 아니다.
일곱째, 모호한 것은 피해야 한다.
여덟째, 어리석은 짓은 하지 말아야 한다.
아홉째, 실수하는 것은 큰 잘못이다.
열째, 나는 창의적이지 못하다.

2) 창의성을 방해하는 요소

학급 주변에는 창의성을 방해하는 요소가 많이 있어 아동의 창의성 향상에 부정적인 영향을 미치는 경우가 많다. 과거 권위적이고 억압적인 분위기는 창의적 사고와 행동을 하는 데 걸림돌이 되어 왔다. 그동안 학급 환경은 많은 아동들을 통제하기 위한 수단으로 질서와 규율을 강조하였다.

교실 내에서 아동들의 질문을 막고, 무조건 '하지 마라'라는 분위기? 또는 조금만 엉뚱한 질문이나 대답이 나오면 수업을 방해하는 '엉뚱한 학생'으로 낙인찍히는 분위기? 이러한 분위기에서는 창의적 사고가 길러질 수 없고 창의성을 저해하는 요소가 된다. 아동들의 창의성을 향상시키기 위해 긍정적이고 고무적이면서 무엇이든 수용할 수 있는 분위기를 만들고 창의적인 사고와 행동을 할 수 있도록 환경을 만들어주는 것이 무엇보다 중요하다.

(1) 학급 환경에서의 방해 요소

① 교사의 권위적인 태도

교사의 권위적인 태도는 아동의 자율성이 낮아지고 내적 동기유발을 제한하여 창의적 사고에 방해 요소가 된다. 교사들이 선호하는 아동들은 어떤 아동인가? 창의적이고 도전적이며, 질문이 많고 호기심이 많은 아동인가? 아니면 순응적이고 모범적이고 교사의 말과 권위에 순종적인 아동인가? 연구결과에 의하면 후자가 많다고 한다. 조용히 앉아서 교사의 가르침을 잘 따르고, 의문을 제기하지 않고, 교사가 계획한 수업 진행을 방해하지 않는 아동도 있어야 하지만 질문과 호기심이 많고 비판적인 아동들에게도 관심을 가져야 한다.

아동들에 대한 고정관념을 깨고 권위적이고 억압적인 분위기에서 수용적 분위기로 창의적 사고와 행동을 개발할 수 있도록 해주어야 한다.

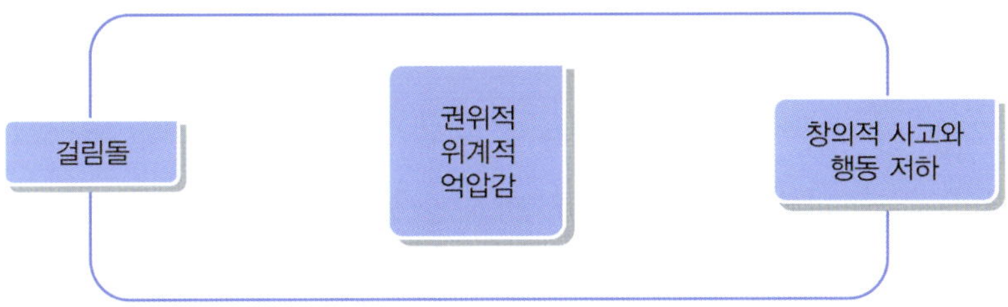

② 교육 방법

우리 교육은 그동안 산업화 모형에 고정되어 모든 것을 구획화하고 표준화하여 왔다. 초등학교 미술시간의 프로젝트조차도 개성이 없는 판에 박힌 활동이 이루어지고 있다. 아동 평가가 지식 중심, 입시 위주의 교육으로 선다형 평가, 서열화가 가능한 상대평가, 지필평가 중심으로 이루어지고 있다. 수행평가는 단순 암기에 의존하는 단편적 지식과 기계적 사고방식만 길러준 채 형식적으로 운영되고 있다.

많은 지식만 보유하게 된다고 창의적 사고력이 증진되지는 않는다. 학교는 시험을 위주로 정답을 찾아내는 교육 방법과 아동을 평가하는 것을 개선해야 한다. 시험은 교사에게는 단편적 지식을 전달하게 하고 아동은 기계적으로 암기하고 학습하게 된다. 시험 문제의 정답은 한 개로 아동들의 확산적 사고와 창의적 사고를 제한한다. 또한 시험 문제의 정답을 찾는 것은 주로 잘 정의된 단기 과제를 내주어 모호함에 대한 참을성이나 인내심을 기를 기회를 별로 주지 않는다.

창의력은 많은 지식의 저장에서부터 시작한다. 그러나 수많은 지식을 획일적인 방식, 즉 수렴적 사고나 암기에 의존해 왔다면 창의적 사고에 방해 요소가 된다. 창의력 증진 측면에서 서술형 평가의 활성화와 창의적 문제해결력을 증진시키는 평가, 창의적 체험활동의 참여와 평가가 이루어진다면 논리적 사고와 확 산적 사고를 모두 활용한 창의적 사고력 증진에 도움이 된다.

③ 분절적이고 단편적 지식전달 교수-학습

학급에서는 지식을 분절적이고 단편적으로 가르쳐 아동들이 지식을 서로 관련지어 통합적으로 이해하고 조직하는 것을 어렵게 한다. 지나치게 특정 영역의 지식에 의존하게 되면, 기존 시각에서 벗어나 새로운 방식으로 문제에 접근하는 데 방해받을 수도 있다. 따라서 열린 마음으로 협업이 가능한 새로운 교수-학습 방법이 요구되고 있다.

④ 또래들의 압력

창의력을 저해하는 것은 선생님의 태도나 교육 방법과 환경만의 문제는 아니다. 또래의 압력에 의해 서로의 창의력을 약화시킬 수 있다. 또래 압력 효과는 자신만의 독창적인 스타일이나 사고를 방해하고 동일한 사고, 동일한 취향을 강요하는 압력을 형성한다. 서로의 차이를 이해하지 못하는 획일적인 또래 문화는 창의적 사고에 방해 요소가 된다. 다른 사람의 아이디어도 가치가 있음을 알게 해 주어야 한다.

(2) 사회 환경에서의 방해 요소

① 무의미한 환경

창의적 사고의 기초가 되는 것은 미적 감각, 조형 능력, 시각적 문제해결력, 비평을 통한 가치 교육 등이다. 창의적 사고력을 기르기 위해서는 학급 내에서만은 불가능하다. 사회 환경과 문화적 큰 틀이 만들어져야 한다. 창의력은 타고나는 자질일 수도 있지만, 사회·문화적으로 배양할 수 있는 자질이기도 하다. 일상생활에서 주변의 시각 환경을 감각적으로 인지·탐색하고 관찰하면서 지각능력이 쌓여 창의적 사고의 기반이 된다.

일찍이 비고츠키(L. Vygotsky)는 창조가 순간적인 번뜩임이기도 하지만 동시에 장기간에 걸친 내부적 성숙의 결과임을 강조하고 있다. 복잡한 창조의 과정은 사회적 환경이 자연스럽게 학습으로 연결된다고 볼 수 있다. 보고 느낀다는 것은 단순히 보는 것이 아니라 보이는 부분과 전체를 비교, 분석, 종합, 추상화하는 경험을 통해 능동적이며 창의적 활동으로 이어진다. 즉, 일상생활 환경에서 자신의 의도와는 관계없이 주어진 환경에 의해 개인의 행동이 이루어지고 자기의 사고나 행동을 수정하는 과정에서 창의적 사고력이 증진된다고 할 수 있다.

따라서 창의성을 증진시키기 위해서는 흥미와 관심을 가질 수 있는 주변 환경을 만드는 것이 필요하다.

창의·인성 Work 4-4

다음의 교실 환경을 보고 유아들의 창의적 사고력을 높이기 위해 어떤 방식으로 학급을 운영하고 싶은지 생각해 봅시다.

② 애벌린 패러독스(Abilene paradox)

합의는 본질적으로 둘 혹은 그 이상의 당사자들의 약속이다. 합의를 하면 양측 당사자들은 특정한 방법으로 행동할 것을 약속한다. 하지만 어떤 사람들은 상대방과 직접 상의하지 않고 합의가 이루어졌다고 가정하는 실수를 저지르기도 한다. 이것을 암묵적 합의 '애벌린 패러독스(Abilene paradox)'라고 한다.

암묵적 합의는 한쪽 혹은 양쪽 당사자의 합의가 분명히 이루어졌다고, 더 이상의 설명은 필요 없다고 가정하는 간접적인 의사소통을 말한다(김애경 외, 2015). 이러한 불완전한 의사소통은 우리의 메시지를 허공에 맴돌게 하며 자신의 생각이 분명하지 않기 때문에 의사소통이 원활하지 않고 자기표현이 제대로 이루어지지 않는다. 이런 경우 실수와 혼돈이 초래되며 창의적 사고에 방해 요소가 된다.

3) 창의성을 증진시키는 요소

(1) 창의적 환경 조건

개인의 창의적인 아이디어를 지원하고 보상하기 위해서는 외적인 환경이 필요하다. 창의적으로 사고하는 데 필요한 내적인 자원을 모두 가지고 있다고 할지라도, 외적인 자원이 없으면 개인의 창의성이 발현되기 힘들다. 지나치게 엄격하고 경직된 분위기 속에서는 창의성이 위축된다. 이에 반해 엉뚱한 것처럼 보이거나 낯선 아이디어를 거침없이 제시할 수 있는 환경이 창의성의 중요한 인지능력을 유발시킨다. 이러한 환경에는 물리적·심리적·정서적 환경이 있다(홍길회, 2018 재인용).

첫째, 물리적 환경은 시설, 학습재료와 관련된 환경이다.
둘째, 심리적 환경은 교사와 아동 간의 상호작용과 관련된 환경이다.
셋째, 정서적 환경은 심리적 안정, 모험심 유발과 같은 신뢰관계 형성과 관련된 환경이다.

창의성을 향상하기 위한 환경은 일반적으로 창의적 사고를 촉진시킬 수 있는 사고기법도 중요하지만 이들을 잘 발휘할 수 있도록 하는 환경 또한 중요하다.

창의성을 증진시키기 위해서는 아동에게 수용적 환경, 자율적 환경, 성취 지향적 환경이 있어야 한다. 이 세 가지가 이루어지기 위해서는 물리적 환경의 조성, 편안하고 안락한 교실환경, 창의력을 요구하는 수업환경의 조건이 이루어져야 한다. 창의성을 향상시키고 사고를 계발하기 위해서는 아동들로 하여금 자신이 처한 환경에 좀 더 개방적이고 민감하도록 해야 한다.

(2) 물리적 환경 조성

창의성을 자극할 수 있도록 개인을 둘러싼 외부 환경체제를 바꾼다. 창의력 코너를 설치한다거나 교실 환경 게시판, 시설물, 놀이기구, 장난감 등을 창의적 제품으로 교체하거나 아동이 자연스럽게 접근할 수 있도록 한다. 전체 환경을 수용적 분위기, 자율적 분위기, 성취 지향적 분위기로 만들어 나간다.

(3) 사회적 환경 조성

창의성을 자극하고 지지해 줄 수 있는 사회체제를 만든다. 교사, 학부모, 또래 집단, 기타 인물 등의 창의성 마인드의 제고가 있어야 한다. 교사는 아동 개개인들의 사고를 소중히 여기고 다양한 대답을 인정해 주어야 한다. 아동들로 하여금 한 번 더 창의적으로 생각하게 하는 기회를 제공해 주고 유머와 웃음으로 아동들의 반응을 지지하고 돕게 된다면 창의성 향상에 긍정적으로 작용하게 된다.

전체 환경에서 고려되어야 할 사항은 아동들의 창의적 역량을 강화하기 위해 개인의 자율성과 책임 중시, 다양성의 인정, 실패에 대한 두려움 극복, 도전에 대한 적극적인 장려 및 보상, 리더십 개발 등 아동들이 보다 적극적으로 개발하고 발휘할 수 있도록 환경을 조성하는 데 심혈을 기울여야 한다.

(4) 심리적 환경 조성

교사는 창의적 사고를 계발하기 위해서 경직된 분위기가 되어서는 안 되며 다양한 행동을 격려하는 심리적 분위기를 조성할 필요가 있다. 이를 위해 창의성을 자극하고 동기를 유발할 수 있는 심리 체제를 만든다. 안정감, 성취감, 자신감, 적극성 등을 갖게 하는 것이 중요하다.

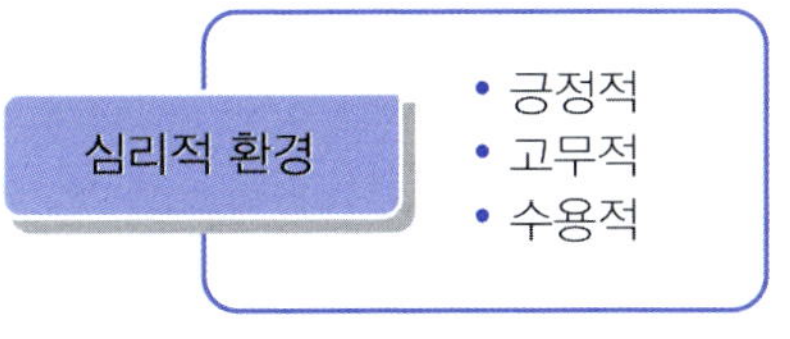

교사의 역할은 개개인의 사고를 소중히 여기고 다양한 질문과 대답을 인정해 주어야 한다. 아동에 대한 민감한 관심과 다른 사람들이 갖지 못하는 관찰력과 통찰력이 있어야 한다. 발문과 반응도 한 번 더 생각하고 말할 수는 기회를 제공해 주어야 한다. 엉뚱한 질문이나 대답이 나와도 유머와 웃음으로 반응을 지지한다. 교사의 이러한 태도는 창의성 향상에 긍정적으로 작용한다.

TIP 교사의 정성

- 초등학교 4학년 때 학생의 잠재력을 일찌감치 알아본 수학 교사가 있었다. 교사는 월반(越班)을 통해 일찍 중학교에 입학할 수 있게 만들었다. 훗날 스티브 잡스는 "그 선생님은 내 안에서 뭔가 배워야겠다는 열정을 일으켰다."라고 했다.
- 여섯 살에 청력을 잃어 듣지도 말하지도 못하는 한 여성이 한국어·영어·일본어·스페인어를 유창하게 구사하며 국제적인 금융회사의 법무 담당 심의관으로 일하고 있다. 『살면서 포기할 것은 없다』의 저자 김수림 씨 이야기다. 귀가 안 들리는 가운데 4개 국어로 말할 수 있게 된 데는 할머니 선생님이 있었다. 선생님은 매일 한 시간 반 동안 온몸으로 김 씨와 1대 1 수업을 하면서 영어를 알아듣는 법을 가르쳤다고 한다. 수업이 끝날 때쯤이면 선생님의 화장이 덕지덕지 뭉개져 있었다고 한다. 열성(熱誠)을 다해 가르친 선생님 덕분에 김 씨의 영어 실력은 6개월 만에 영국대학에서 공부할 수 있는 수준이 되었다고 한다.

창의·인성 Work 4-5

창의적인 환경 검사를 해 봅시다.

다음 내용들은 '가정을 어떻게 느끼는가'에 대한 것으로 각 항목의 알맞은 곳에 표시하시오.

① 전혀 그렇지 않다, ② 그렇지 않다, ③ 보통이다, ④ 그렇다, ⑤ 매우 그렇다.

	가정을 어떻게 느끼는가	①	②	③	④	⑤
1	집에서는 어떤 질문을 해도 바보 취급을 받을 염려가 없다.					
2	어떤 일을 수행하기 위해서 여러 가지를 선택할 수 있다.					
3	대부분의 경우 뭔가를 잘 해내면 어떤 이점이 있을지 알고 있다.					
4	우리 집에서는 지켜야 할 것들이 많다.					
5	부모님은 대부분의 상황에서 내 생각은 어떤지를 물어보신다.					
6	우리 집에서는 변화가 별로 없다.					
7	무엇인가 새로운 것을 시작할 때는 부모님의 허락을 받아야 한다.					
8	부모님께서는 내가 어떤 말을 해야 하는가에 대해 신경을 많이 쓰신다.					
9	우리 집에서 가장 중요하게 여기는 것은 최고가 되는 것이다.					
10	부모님께서는 내가 창의적인 사람이 되도록 격려해 주신다.					
11	부모님께서는 내가 어떻게 행동해야 할지를 말씀해 주신다.					
12	부모님께서는 보통 내가 무엇을 하는지, 어떻게 하는지에 주의를 기울이신다.					
13	부모님께서는 보통 내가 스스로 이해하도록 격려해 주신다.					
14	집에서는 경쟁할 것이 많다.					
15	내가 하려는 것에 대해 발언권을 많이 갖는다.					
16	대부분의 규칙들을 지켜야 하는 그 이유를 알고 있다.					

17	내가 하는 일을 누구의 간섭을 받지 않고 혼자 할 수 있다.					
18	중요한 결정을 할 때 내 의견이 반영된다.					
19	부모님께서는 뭔가를 시키고 싶으실 때 내가 좋아하는 선물을 준다.					
20	부모님께서는 창의적으로 일하고자 하신다.					
21	실수를 하면 벌을 받는다.					
22	부모님께서는 뭐든지 아주 즐겁게 하신다.					
23	부모님께서는 나에 대해 조바심을 내지 않는다.					
24	집에서는 조용히 해야 한다.					
25	부모님께서는 새로운 방법을 생각해 내도록 격려해 주신다.					
26	집에서 일하는 것이 재미있다.					
27	내가 하는 일들은 대부분 부모님을 기쁘게 해드리기 위한 것이다.					
28	우리 집에는 흥미로운 분들이 많이 오신다.					
29	부모님께서는 나를 부끄럽게 생각하신다.					
30	부모님께서는 내가 질문을 많이 하는 것을 좋아하신다.					
31	일을 잘해야 한다는 부담감이 크다.					
32	집에서 가장 중요한 규칙 중 하나는 집안을 깨끗하게 하는 것이다.					
33	나는 집에서 자유롭게 행동할 수 있다.					
34	부모님께서는 나를 아주 좋아하신다.					
35	부모님께서는 내가 좋은 성격을 갖는 것을 중요하게 생각하신다.					
36	우리 집에는 농담과 웃음이 넘친다.					
37	부모님께서는 나를 존중하신다.					
38	내가 느끼는 대로 부모님께 말씀드려도 괜찮다.					
39	부모님께서는 내가 무엇에 흥미를 갖는지 알고 싶어 하신다.					
40	부모님께서는 항상 새로운 것을 시도하신다.					

41	우리 부모님이 항상 옳다고 배웠다.					
42	우리 집에서는 흥미 있는 것들이 많다.					
43	부모님께서는 나의 활동에 대해 세부 사항들을 계획해 두신다.					
44	우리 집에서 나는 '특별한' 사람이라고 생각한다.					
45	부모님께서는 항상 새로운 활동을 제안하신다.					
46	'나 자신의 일'을 자유롭게 할 수 있다.					
47	내가 집에서 일을 하는 이유도 맛있는 것이나 돈 등을 받기 위한 것이다.					
48	부모님께서는 나 혼자서나 친구들과 함께 놀 때 상상력을 이용하도록 격려하신다.					
49	나는 집에서 비판을 많이 받는다.					
50	부모님께서는 나와 함께 시간 보내는 것을 좋아하신다.					

출처: Amabile(1989); 전경원(2008). 재인용.

창의·인성 Work 4-6

나의 경우 창의성 계발을 가로막는 환경 요인은 어떤 것이 있는지 조사해 보자.

창의·인성 Work 4-7

창의성을 키우는 가훈이나 좌우명을 작성해 봅시다.
(10가지 이상)

05 창의성교육과 교사

1) 창의성을 증진시키는 교사 철학

학습자가 창의적으로 성장해 나가기를 바란다면 교사는 고정관념을 버려야 한다. 교사가 어떤 프레임을 통해 학습자에게 접근하느냐에 따라 학습자가 얻어내는 결과물들은 달라진다.

학급에서 창의성을 발달시킬 수 있는 환경을 조성하기 위해 교사는 학습자의 창의성을 저해하고 있는 것이 무엇인지 알아보고 저해 요소가 나타나지 않도록 지도해야 한다. 학습자들의 개성을 존중하지 않으면서 창의성을 가르치는 것은 불가능하다. 사람들마다 가지고 있는 각자의 고유한 특성과 능력을 존중하는 철학을 가지고 있어야 한다. 학습자들에게 창의적이며 그들의 창의성이 증진될 것이라고 기대하는 마인드가 필요하다.

애머밀(Amabile, 1996)은 아동의 창의성을 증진시키는 교사 철학 열 가지를 제시했다.

첫째, 배우는 것은 매우 중요하고 재미있는 일이다.

둘째, 아동은 독특한 개체로서 존중받고 사랑받을 자격이 있다.

셋째, 아동이 능동적인 학습자가 되도록 해야 한다. 그러기 위해서는 아동 자신의 흥미, 경험, 아이디어, 자료들을 교실로 가져와 표현하도록 장려해야 한다.

넷째, 아동이 교실에서 편안함과 흥분 모두를 느끼도록 해야 한다. 그러기 위해서는 긴장과 압력이 없어야 한다.

다섯째, 아동이 교실에서 주인 의식과 자부심을 가질 수 있도록 하며, 교실 환경을 꾸미고 유지하는 데 참여하게 해야 한다.

여섯째, 교사들은 경찰도, 훈련 담당 하사관도, 신도 아닌 자원이다. 아동은 교사를 존경해야 하고, 교사 역시 아동이 편안함을 느끼도록 해야 한다.

일곱째, 교사는 지식이 많지만 완벽하지는 않다.

여덟째, 아동은 교사 및 또래와 함께 문제에 대해 진솔하게 토론할 수 있어야 한다. 학급은 그들의 학급이고, 아동은 학급이 원활히 운영될 수 있도록 돕는 중심임을 공유해야 한다.

아홉째, 경쟁보다는 협력이 바람직하다.

열째, 학습경험은 아동의 현실 세계 경험과 밀접하게 관련된 것이어야 한다. 교실에서 아동은 권리와 책임을 모두 가질 수 있어야 한다.

한편 창의적 문제해결을 위해 펠드후센(Feldhusen, 2003)은 교사의 역할 세 가지를 제시했다.

첫째, 교사는 사고촉진자이다. 교사는 아동의 생각을 경청하고 지지함으로써 창의적인 생각을 확장시켜 준다.

둘째, 교사는 평가자이다. 교사는 창의성 활동에서 발생하는 일을 다양한 관찰방법으로 기록하여 발달 정도를 평정한다.

셋째, 교사는 질문제공자이다. 교사는 다양한 사고를 자극할 수 있는 확산적인 질문을 한다. 그 밖에 충분한 시간을 주는 일, 수업 전 라포를 형성하고 워밍업 활동을 제공하는 일, 아동의 동기를 자극시킬 자료를 준비하는 일 등이 있다.

교사들은 학습자들로 하여금 자신의 감정을 느끼게 하고, 자신의 노력에 대한 자부심과 자기만족을 강조해 주어야 한다. 또한 교사들은 학습자들에게 다양한 경험을 통해 문제를 사고하고 해결해 나가는 태도를 가질 수 있도록 기다릴 수 있어야 하며 학습자들의 발표 후에는 '잘했어' 등의 칭찬과 과정을 인정하는 말을 아끼지 말아야 한다.

TIP 창의성을 증진시키는 교육에서 지나치지 않아야 할 점

첫째, 지능은 높고 창의성이 낮은 모범 아동도 중요하지만, 지능은 낮지만 창의성이 높은 아동, 즉 괴짜, 평판이 좋지 않거나 어른들에게 인기가 없는 학습자에게도 많은 관심을 가져야 한다.

둘째, 수동적이며 시키면 하는 학습자, 안정적으로 잘 길들여져 있는 학습자보다 능동적이며, 자기 주도적, 감정기복이 심한 학습자도 중요하다는 것을 깨달아야 한다.

셋째, 지능과 결과만으로 학습자가 가지고 있는 재능을 단정 짓지 않아야 하며, 학습자가 가지고 있는 잠재력과 창의성도 살펴야 한다.

넷째, 학습자가 가지고 있는 재능을 잘 파악하는 일이 중요하다.

2) 창의성을 증진시키는 교사

창의성교육에 있어 중요한 것은 교사가 먼저 창의적인 교사가 되어야 한다는 것이다. 창의적인 교사란 '가르치는' 영역에서 창의성을 발휘하는 교사를 말한다. '창의적인 교사'의 핵심적인 특징은 계획이 성공했는지 깊게 생각하여 적절히 수정하면서 융통성 있는 계획을 세우고, 다양하고 복합적인 교수 전략을 시도한다(Amabile, 1989).

창의적 교사는 여러 학문 분야의 융합을 추구하고 아동의 복합적인 요구를 다룬다. 또한 아동의 창의적 탐구에 가치를 부여한다. 아동의 창의력을 증진시키기 위해서 교사는 창의력에 대한 이해를 가지고 있어야 한다. 창의력의 필요성을 아무리 강조하는 교사라 할지라도, 창의력이 무엇인지에 대한 구체적인 지식과 이해가 없으면 이를 교육현장에서 실현하기란 거의 불가능하다. 아동에게 창의력 증진을 위한 동기를 유발하도록 가르치려면, 교사 자신이 먼저 '호기심, 흥미, 즐거움, 개인적인 도전 의식'을 자유롭게 표현하는 본보기를 보여주어야 한다.

(1) 창의성을 증진시키는 교사의 특성

- 아동이 독립적으로 배우도록 격려한다.
- 아동이 협동적으로 활동하게 하는 교수 방법을 사용한다.
- 아동의 사실적 지식을 숙달하게 하고 확산적 사고의 확고한 토대를 마련한다.
- 아동의 융통성 있는 사고를 격려한다.
- 아동의 자기 평가를 고무한다.
- 예기치 못한 대답, 질문, 제안 등에 관대한 교실 분위기를 조성한다.
- 아동의 제안과 질문을 진지하게 고려한다.
- 아동에게 다양한 자료를 가지고 학습할 수 있는 기회를 제공한다.
- 아동이 좌절과 실패에 대처하는 법을 배워서 새롭고 독특한 것을 시도할 수 있는 용기를 갖게 한다.

(2) 창의성을 증진시키는 교사의 태도

- 아동이 뭔가에 몰두하고 집중하고 있으면 방해하지 않는다.
- 아동들과 따뜻하고 우호적인 시간을 지낸다.
- 여자는 여자답게, 남자는 남자답게 식의 고정관념에서 벗어난다.
- 어려운 상황도 위트와 유머로 극복한다.
- 양자택일이나 '예 / 아니요'를 요구하는 질문보다는 개방적인 질문으로 의견을 물어본다.
- 아동의 의견을 존중하고 아동이 의사를 표현할 수 있도록 격려한다.
- 질문을 하거나 요구를 하고 나서 충분한 시간을 두고 기다려 준다.
- 교사의 의견을 되도록 나중에 제시하고, 아동들이 아이디어를 모두 이야기할 때까지 기다려 준다.
- 다른 아동의 아이디어를 열심히 듣고 거기에서 새로운 아이디어의 발전을 격려한다.
- 실수나 실패를 허용하며, 좌절하지 않도록 격려한다.
- 교사 자신이 창의적인 모델이 된다.

(3) Torrance가 제시한 창의성을 증진시키는 교사의 역할 (강충열 외, 2017)

- 창의적인 사고를 가치 있게 평가하라
- 환경의 자극에 더욱 민감하도록 하라
- 사물과 아이디어를 조작해 보도록 격려하라
- 각 아이디어를 체계적으로 검증하는 방법을 가르쳐라
- 새로운 아이디어에 대한 포용력을 키워라
- 정해진 방식을 가용하지 않도록 하라
- 창의적인 학급 분위기를 조성하라
- 자신의 창의적 사고를 가치 있게 여기도록 가르쳐라
- 친구들이 가하는 제재를 피하는 기술을 가르쳐라
- 창의적인 과정에 대한 정보를 제공하라
- 걸작에 대한 경외감을 한꺼번에 없애라
- 자발적인 학습을 권장하고 평가하라
- '고심거리'를 창출하라
- 창의적 사고가 필요한 상황을 조성하라
- 활동적인 시간뿐만 아니라 조용한 시간도 마련하라
- 아이디어를 실행하는 데 필요한 자원을 지원하라
- 아이디어가 시사하는 바를 충분히 실행해 보는 습관을 갖도록 권장하라
- 피상적인 비판이 아닌 건설적인 비판을 하도록 하라
- 다양한 분야의 지식을 습득하도록 격려하라
- 모험심이 있는 교사를 양성하라

창의·인성 Work 4-8

자신이 가장 창의적이었던 시기가 언제였다고 생각하나요?
예를 들어 설명해보세요.

창의·인성 Work 4-9

만약 자신이 유·초·중등 교사라면 어느 시기의 학생들이 가장 창의성이 높을 것이라고 생각되는지 그 이유와 생각을 적어보세요.

3) 유아교사의 지도 방법과 과제

(1) 창의성을 증진시킬 수 있는 방법

유아의 흥미와 관심에 맞는 교수·학습 프로그램의 적용을 통해 재능이 없다고 생각하는 유아에게도 관심을 가져야 하며, 유아들의 어린이집이나 유치원 생활에 활력을 불어넣을 수 있어야 한다. 교사는 다음과 같은 방법으로 유아들의 창의성을 증진시킬 수 있다(김애경 외, 2015).

첫째, 계획할 때 교사는

① 유아들이 할 일의 분명한 목적을 설정한다.

② 자유와 제한점을 분명히 제시한다.

③ 다양한 학습과 경험을 통해 유아들의 상상력을 고무한다.

④ 유아들에게 협동할 기회를 제공한다.

둘째, 가르칠 때 교사는

① 유아들이 성공에 대한 기준을 정하도록 도와준다.

② 예상치 못한 학습 기회를 활용한다.

③ 개방적 질문(What if …?, Why is …?, How might you …?)을 하고, 비판적 반성을 격려한다.

④ 일의 진행 과정을 정기적으로 검토한다.

계획할 때나 가르칠 때 교사는 창의력에 대한 이해를 가지고 있어야 한다. 창의력의 필요성을 아무리 강조하는 교사라 할지라도 창의력이 무엇인지에 대한 구체적인 지식과 이해가 없으면 교육현장에서 실현하기란 불가능하다. 교사는 부모 이상으로 창의력을 신장시켜 줄 수는 없다. 그러나 어린이집이나 유치원에서 머무르는 시간이 많아지고 교사에 대한 의존도가 높기 때문에 유아들의 창의력에 대한 교사의 중요성은 더 커질 것이다.

(2) 교사의 과제

① 모험적인 태도를 길러 주자

유아는 모험적이라고 할 수 있다. 위험을 예상하지 않고 욕구를 만족하려는 경향은 유아기에 자주 나타나는 경향이다. 미지의 세계에 대한 관심이나 호기심에 가득 차 있다고 할 수 있다. 이와 같은 경향을 활용하여 모험적이고 적극적 태도를 길러 주는 것이 필요하다.

모험적 태도를 기르기 위해서는 합리성이 있는 계획에 의해서 길러 줄 수 있다. 캠프 훈련을 할 경우 사전계획에서의 지도, 코스의 실지 조사, 위험한 곳의 안내 등 추적 기호를 확실하게 알리고 합리적인 계획을 세워 모험적 태도를 기르도록 한다. 또한 과학 실험에서 유아가 무서워 실험을 피하는 경우, 교사의 배려 하에 적극적으로 실험하려는 태도를 길러 주어야 한다.

② 탐색적인 태도를 길러 주자

'선생님 이것은 무엇이에요?'하고 유아들이 신기한 것을 발견했을 때 또는 일상의 학습에서 유아들이 질문하는 경우에 교사는 유아들의 의문과 호기심을 받아들여 다음과 같은 탐색적인 태도로 이끌어 주어야 한다.

- 자세히 보게 하여 문제를 깨닫게 한다.
- 탐색하는 장면을 설정한다.
- 탐색한 것은 발표하게 한다.
- 탐색한 것은 명료하게 한다.

탐색적 태도는 일상의 학습 중에서 탐구의욕을 일으켜 유아들이 진정한 학습을 생각하게 한다. 교사의 유아에 대한 따뜻한 배려와 세심한 지도는 유아의 탐구적 태도를 길러준다.

③ 비판적인 태도를 길러 주자

수업에서 유아들이 적극적으로 참여할 수 있도록 하며 유아 스스로 문제를 해결해 나갈 수 있도록 돕는다. 유아 스스로 새로운 표현을 하는 활동은 창의성을 배양시키는 활동으로 창의적 태도로서 비판하는 힘을 기를 수 있도록 다음과 같은 지도가 필요하다.

- 갈등과 대립이 있는 지도 과정을 실시한다.
- 자기 생각을 확실히 한 후 다른 사람의 생각과 비교하게 한다.
- 비판력은 설득력과 연결된다.

타인의 생각을 비판한다는 것은 확고하게 자기 생각을 갖는 것이다. 자신이 생각한 최초의 생각이나 의견을 중요하게 여기고 상대의 생각, 의견이나 입장을 이해할 수 있도록 교사의 지도가 이루어져야 한다.

또한 비판적인 태도란 설득력을 갖고 있지 않으면 안 된다. 상대를 설득시킬 수 있는 태도를 필요로 한다. 상대를 설득한다는 것은 타인을 비판하는 것이 아니라 자신을 되돌아볼 수 있는 태도를 기르는 과정이기도 하다.

④ 문제해결의 태도를 길러 주자

교사는 가르치는 것이 일이다. 그렇다고 해서 친절하게 처음부터 끝까지 가르쳐 준다면 유아들에게 문제해결의 태도를 길러 줄 수 없다. 문제를 유아 자신이 찾는 것은 아니지만 유아가 흥미를 갖고 그 속으로 몰입할 만한 문제가 주어져야 한다. 교사의 의도적인 배려로 유아들은 그것을 자신의 문제로 받아들이고 해결하는 태도가 중요하다.

문제해결의 태도를 기르는 과정을 살펴보면

첫째, 사물을 있는 그대로 보고 문제를 인식한다.

둘째, 예상·가설·전망을 세운 다음 자료를 조사하고 확인한 다음 추구한다.

셋째, 자료를 정리하고 일반화하면서 발전시켜 나간다.

이처럼 유아들이 문제를 자신의 것으로 받아들일 때 그 해결을 위해 유아들의 능력이 창조성으로 발휘하게 된다.

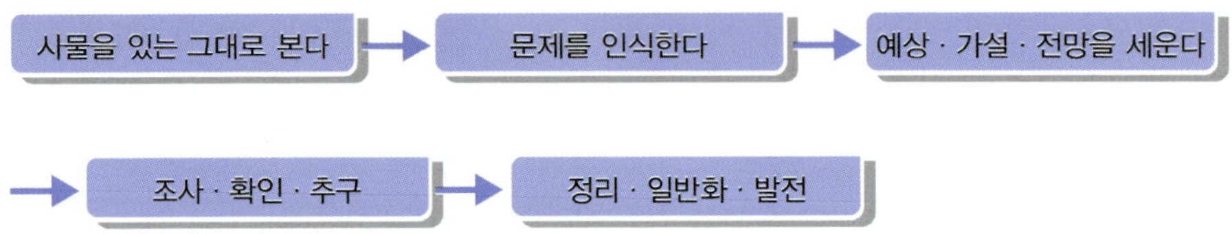

그림 4-2 문제해결의 태도를 기르는 과정
출처: 김애경 외(2015). 창의교육학. 아트출판사.

⑤ 발견적 태도를 길러 주자

주변을 호기심을 갖고 주의 깊게 관찰하는 유아로 만드는 것이 발견적인 태도를 길러주는 데 가장 중요하다. 사실을 사실로 바라보는 것부터 문제의식이 싹트기 시작한다. '정말 그럴까?'라고 자신의 판단을 한 번은 의심하는 태도, 이러한 태도에서 창의적 문제인식이 확실해진다. 교사는 유아들이 주어진 문제만 생각하지 않고 자신 주변의 모든 사물에서 문제를 파악할 수 있는 자세와 과정을 길러 주어야 한다.

⑥ 감수성을 길러 주자

감수성은 순진한 마음이나 밝은 마음으로 이어진다. 자신의 내면에 마음의 눈을 돌림으로써 풍부한 감수성이 창의성과 연결된다. 감수성을 풍부하게 하기 위해서는 동시나 동화를 통해 창의성을 키워나갈 수 있도록 스토리텔링하며 글로 표현할 수 있게 지도한다.

교사들은 유아들의 엉뚱함을 얼마나 인정할 수 있을까? 늘 정답만 가르치는 것은 아닐까? 단정적인 결론만 유도하거나 문제를 내지는 않는가? 자문해 볼 필요가 있다.

06 창의성교육과 발문

1) 교사 발문의 중요성

교사들의 수업 활동 중 가장 많이 사용하는 기술 중에 하나인 발문(發問, questioning)은 유아들의 사고를 자극하고 창의성 신장을 촉진하는 중요한 기능이다. 발문 기법을 통해 학습자의 창의적 신장을 위한 활동은 교사들의 중요한 활동 중 하나이다(홍길회, 2018 재인용).

교사의 발문은 교실 상황에서 교사와 학습자 간의 언어적 상호작용을 구조화하는 도구일 뿐만 아니라 보다 고차원적인 사고를 통해 학습 내용의 내면화를 유도하는 중요한 교수·학습 전략이 될 수 있으나, 대부분 수업에서 교사 발문은 회상을 요구하거나 일상적인 지식을 요구하기 때문에 사고를 유발하는 질문은 매우 적은 것이 현실이다.

학습자의 창의성을 촉진시키기 위해서는 교사의 발문이 정답을 요구하는 것이 아닌 학습자에게 탐구를 요구할 수 있어야 한다. 특히 개방적 질문을 하여 학습자의 창의적 사고를 자극하거나 확산적인 사고를 촉진시킬 수 있어야 한다. 한 가지 동일한 발문 또는 상황에 대해서도 여러 가지 해결책을 제시할 수 있도록 허용하고 분위기를 조성해 주어야 한다. 학생들이 요구하는 인지적 수준에 맞는 적절한 발문을 함으로써 유아들의 창의력 신장에 도움을 줄 수 있어야 한다.

2) 발문 기법의 유형

발문 기법에는 크게 개방적 발문과 폐쇄적 발문의 두 가지 유형이 있다.

폐쇄적 발문이란 몇 개의 인정할 수 있는 반응이나 정답이 있는 것이고 개방적 발문이란 정답이 한두 개로 제한되지 않은 것을 말한다. 폐쇄적 질문은 인지-기억 적 질문과 수렴적 사고 질문으로, 개방적 질문은 확산적 사고 질문과 평가적 사고 질문으로 나눌 수 있다.

① **인지-기억형 질문**(cognitive-memory question)은 인지, 기계적 암기, 선택적 회상 등과 같은 과정을 통해, 기억하게 된 내용의 사실, 개념 등을 단순히 재생성해내도록 하는 질문을 말한다.

② **수렴적 질문**(convergent question)은 기억하고 있는 자료의 분석과 통합을 요구하는 질문으로 정답이나 최선의 답을 이끌어내는 질문이다.

③ **확산적 질문**(divergent question)은 어떠한 상황의 결과, 또는 불확실한 미래를 예언하거나 가설을 세우고 추론을 하거나 분석된 요소들을 재편성하는 등 지적인 활동을 요구하는 질문이다.

④ **평가적 질문**(evaluative question)은 대답하는 자신의 판단, 가치, 선택의 정당화, 선택과 의사결정 등을 요구하는 질문을 말한다. 창의적 사고력을 자극하기 위해서는 가능한 개방적 발문으로 학습자의 확산적 사고를 증진시킬 수 있어야 한다.

(1) 개방적 발문

정해진 정답이 없고, 그 자체가 논의 및 논쟁의 대상이 된다. 동일한 질문 또는 상황에 대해서도 여러 가지 문제해결책을 제시할 수 있도록 허용하는 발문이다. 많은 양의 대답을 요구하여 어떤 교과의 학습에서도 토론이나 사고를 다양하게 하도록 하는 확산적 발문 형태이다. 특징은 학습자가 생각을 많이 하거나 질의를 자극하는 등 자연스럽게 다른 중요한 질문으로 연결되도록 하는 질문이다.

① 개방적 발문 사례

- 개미는 다리가 왜 6개일까? 개미 다리가 어떻게 움직였지?
- 놀이 중에 어떤 것이 재미있었니? 왜 그런 생각이 들었니?
- 어떤 점이 잘 안되었니? 선생님이 어떤 것을 도와줄까?
- 어떻게 하고 싶어?
- 어떻게 된 일인지 말해줄 수 있겠니?

② 창의적 사고를 촉진시키는 발문 예

- 또 다른 방법은 뭐가 있을까?
- 지금은 물을 쓸 수 없는데 대신 어떤 것을 사용하면 좋을까?
- 어떻게 하면 그것을 할 수 있을까?
- ○○놀이를 하려는데 무엇이 필요할까?
- 만약 그것을 이루었다면 기분이 어떨까?

창의·인성 Work 4-10

유아의 창의적 사고를 촉진하는 발문을 연습합시다.

③ 개방적 발문 시 유의 사항

첫째, 아동의 사고 수준에 맞는 발문이 되어야 한다. 발문이 학습자의 수준에 맞는 확산적, 개방적 발문을 학습 단계에 맞춰 순차적으로 제시하여야 한다. 이는 학습자의 수업 참여를 증진시키고, 동시에 창의적이고 논리적인 사고 능력을 향상시킬 수 있어야 한다. 발문이 실제 생활 경험에 밀착되었을 때 학습자들은 보다 흥미와 관심을 가지고 적절한 사고 활동의 반응을 가질 수 있다.

둘째, 아동의 사고 순서에 적합한 발문이 되어야 한다. 발문을 교사의 사고 과정에 의해 교사의 의도대로 이끌어 가서는 안 된다. 교사는 아동의 수준에 알맞은 발문을 연구해야 한다. 생활 주변에서 먼 공간으로, 현재에서 미래나 과거로, 구체적인 것에서 추상적인 것으로, 경험에서 상상으로, 친숙한 것에서 생소한 것으로 사고 활동을 확산시켜 나간다.

셋째, 치밀한 계획에 의한 발문이 되어야 한다. 학습 과제를 분석하여 주어진 과제 맥락 및 과제 유형 혹은 학습자의 목표수준에 따라 내용과 형식을 다르게 하고 발문 시기, 발문 내용, 예상되는 아동의 반응, 피드백 방법 등의 발문 계획을 미리 세워 아동의 창의성 신장 및 인성 함양을 효과적으로 성취할 수 있게 해야 한다.

(2) 폐쇄적(수렴적) 질문

폐쇄적(수렴적) 질문에는 간단하고 명확한 답변만을 요구한다. 단답형을 요구하기 때문에 깊은 대화를 이끌어내기는 어렵다. 질문은 정답이 있기 때문에 아동의 기억력이나 수렴적 사고를 향상시킬 수 있다.

① 폐쇄적(수렴적) 발문 사례

- 강아지는 다리가 몇 개일까?
- 무지개 색깔은?
- 봄 다음에 오는 계절은 뭘까?

② 창의적 사고를 제한하는 폐쇄적 발문 예

- 1+1은 무엇일까?
- 고양이는 어떻게 울까?
- 둘 중에 어떤 것이 옳다고 생각하니?
- 하루에 양치질은 몇 번 하는 게 좋을까?
- 택시와 버스 중에 어떤 것이 길까?
- 기차와 비행기 중에 어떤 것이 빠를까?

창의·인성 Work 4-11

창의적 사고를 제한하는 발문의 예를 찾아보세요.

(3) 그 밖의 질문유형

① 일반적 질문

질문하는 사람이 갖지 못한 정보나 물건 등을 원할 때, 대답을 이미 알고 있을 것으로 가정되는 사람에게 묻는 질문이다. 예를 들어 아침에 등원하는 유아에게 교사가 '철수는 오늘 아침에 무엇을 먹었니?'라고 묻는 것과 같은 질문이다.

② 수사적 질문

질문하는 사람이 이미 답을 알고 있으면서 상대방이 아는지, 모르는지를 알기 위해 묻는 질문이다. 예를 들어 교사가 '금요일 다음에는 무슨 요일일까?'하고 유아에게 묻는 것과 같은 질문이다.

③ 탐구적 질문

질문받는 사람이 대답을 알고 있다고 여겨지지 않으며, 대답으로 끝이 나는 것이 아니라 더 많은 탐구의 시작을 알리는 질문 형태로, 목적과 방향성을 지닌 토론이 되도록 한다.

TIP 생산적인 토론을 위한 질문 요령

① 관점 또는 의견을 이끌어내기
② 유아의 의사를 표현하게 하기
③ 말의 요점을 분명히 하기
④ 해석하기: 논리적 귀결과 암시하는 내용
⑤ 일관성을 추구하기
⑥ 용어의 정의를 내리도록 요구하기
⑦ 전제를 찾아내기
⑧ 오류를 지적하기
⑨ 이유 제시를 요구하기
⑩ 대안을 생각하고 검토해 보게 하기

출처: 조성민(2003). NIE 탐구 공동체. 교육과학사.

3) 창의성을 증진시키는 발문 기법과 반응 요령

(1) 발문 기법 요령(김애경 외, 2015)

① '예/아니요'를 요구하는 질문보다는 '어떻게 생각하는가?', '왜 그렇게 생각하는가?' 등의 훨씬 큰 범위의 질문을 한다.

② 분명한 질문을 한다. 광범위하고 모호한 질문보다는 의도나 주제가 분명하고 명확한 질문을 한다.

③ 질문을 하고 답변을 할 충분한 시간을 준다.

④ 아동의 반응을 교사가 직접 요약하지 않고 아동 스스로 요약하게 한다.

⑤ '만약 …라면 어떻게 될까?', '어떻게 하면 좋을까?' 등 의도에 따라 적절한 형식을 구사한다.

⑥ 하나의 정답 말고 다양한 반응이 있을 수 있는 질문을 한다.

⑦ 다른 사람의 아이디어를 존중하고 열심히 듣도록 격려한다.

⑧ 누구나 알고 있는 상식이 왜 그런지 반문한다.

⑨ 남들과 똑같은 답보다는 개개인의 답을 소중히 여기고 있음을 학생들이 알도록 한다.

TIP 유아의 창의적 사고를 돕는 질문 방법

① 사실과 사고에 관한 질문을 분류한다. 모든 질문은 서로 같지 않으므로 사실 자체를 묻는 질문과 사고하도록 하는 질문을 구분하여 사고하는 질문을 함으로써 답이 다양하게 나올 수 있도록 한다.
② 유아가 충분히 생각할 수 있는 시간을 주고 질문을 한 뒤 성급한 대답을 강요하는 분위기를 만들지 말아야 하며 불필요한 질문으로 유아의 사고를 방해하는 일을 주의하여야 한다.
③ 유아 스스로 질문에 대한 답을 스스로 찾을 수 있도록 도와줌으로써 학습 과정을 자극해야 한다. 즉, 교사의 목적이 학습자 스스로 탐구하는 태도를 갖도록 하는 것이어야 하므로 유아의 자발적 학습을 도와주는 역할을 교사는 담당해야 한다.
④ 하나의 질문에 하나 이상의 대답이 나오도록 개별적으로, 집단적으로 격려해야 한다.
⑤ 유아가 자기표현의 이야기를 많이 할 수 있도록 환경을 조성하고 격려해야 한다.
⑥ 창의성을 발휘할 수 있는 다양한 방법을 탐구하도록 하고 유아 스스로 새로운 방법을 선택하도록 도와준다.

(2) 반응 요령

아동의 대답에 대한 교사의 반응은 매우 중요하다. 아동의 창의적 사고를 키우는 촉매제로 교사는 개방적이고 수용적인 태도를 가져야 한다. 교사는 아동의 대답을 가능한 한 모두 수용하고 더 많은 대답을 이끌어내야 한다. 교사는 아동이 문제해결 과정에서 열심히 노력하되 만약 틀린다 하더라도 괜찮다는 생각을 가질 수 있도록 동기부여하고, 새롭고 독특한 아이디어를 생각해 낼 수 있도록 자극을 주는 분위기를 조성한다. 또한 아동의 충분한 사고 활동을 위한 시간과 편안한 마음으로 표현할 수 있는 분위기를 조성해야 하며 아동이 새로운 생각을 창안해 내고 창의적인 문제를 해결하는 데 요구되는 시간과 노력이 들더라도 이를 즐거운 경험으로 받아들일 수 있어야 한다(홍길회, 2018 재인용).

① 아동의 질문에 항상 교사가 답을 줄 필요는 없다.
② 아동의 반응이 실망스러운 경우라 할지라도 진지하고 적극적으로 반응한다.
③ 교사 자신이 자문자답하지 않는다.
④ 아동의 대답이 틀리더라도 조소하거나 비판, 무시하지 않는다. 그런 경우 의미 있는 피드백을 한다.
⑤ 항상 한 아동 이상의 반응을 구한다.
⑥ 정답이 나온 경우에도, 다른 답도 생각해 보도록 격려한다.
⑦ '맞았어요' 또는 '틀렸어요'라는 식으로만 반응하지는 않는다.
⑧ 항상 교사의 입장에서 정답인지 아닌지를 단정 짓지 않는다.
⑨ 늘 개성 있는 참신한 답을 환영한다는 것을 아동이 알게 한다.

창의·인성 Work 4-12

개방적 발문으로 대화를 만들어보세요.

아들 :
아빠 :

아들 :
아빠 :

아들 :
아빠 :
아들 :
아빠 :
.
.

(3) 아동의 창의성을 촉진하기 위해 교사가 사용할 수 있는 질문과 예시

① 이유, 증거, 원인을 탐색하는 질문

아동이 자신의 행동이나 사고 또는 어떤 상황에 대한 이유, 증거, 원인을 생각해 보도록 하기 위한 질문이다. 예를 들면, '그렇게 생각하는 이유가 뭐지?, 예를 들어 볼 수 있을까?, 그렇게 말하는 이유가 무엇이니?, 왜 그렇게 생각했어요?' 등이 있다.

② 관점이나 시각의 다양성을 탐색하는 질문

아동이 자신만의 관점이 아닌 타인의 입장에서 어떤 상황을 생각해 보도록 하기 위한 질문이다. 예를 들면, '너처럼 생각하지 않고 다르게 생각할 수도 있을까?, 너의 말이 틀린다고 생각할 사람도 있을까?, 그 사람들은 왜 그렇게 생각할까?, 다른 사람들(엄마, 아빠, 오빠…)은 어떻게 생각할까?' 등이 있다.

③ 함축된 의미와 결과를 탐색하는 질문

아동이 자신이 직접 겪어보지 못한 상황의 결과를 예측해 보도록 하거나 어떤 상황의 함축된 의미를 생각해 보도록 하기 위한 질문이다. 예를 들면, '네 말 대로 하면 이 경우에는 어떻게 될까?, 모든 사람들이 다 네 생각대로 하면 어떻게 될까?, 네 생각대로 하면 세상이 이렇게 될 텐데 그래도 괜찮겠니?, 나중에는 어떻게 될 것 같니?, 왜 그렇게 된다고 생각하니?' 등이 있다.

④ 알게 된 방법이나 정보원을 탐색하는 질문

아동이 이미 알고 있는 사실이나 당연하게 여기고 있는 것을 알게 된 방법이나 경로를 생각해 보도록 하는 질문이다. 예를 들면, '어떻게 그걸 알았니? 그러면 그건 확실한 것일까?, 그걸 더 잘 아는 사람은 없을까?, 다른 사람이 그것을 알까? 다른 사람이 어떻게 그걸 알게 되었을까?' 등이 있다.

CHAPTER 5

인성의 이해와 증진

01 인성의 개념 및 요소

1) 인성의 개념

인성의 사전적 의미는 '사람의 성품' 또는 '각 개인이 가지는 사고와 태도 및 행동 특성'이다(국립국어원, 2016). 그러나 인성에 대한 정의는 성격, 개성, 인간본성, 인격, 성품, 도덕성 등으로 다양하게 규정되고 있어 학자에 따라서 개성, 기질, 성격 등 개인의 심리적 특성을 강조하기도 하고, 인간성, 사람됨, 도덕성 등 개인이 내면화해야 할 사회나 시대의 신념, 문화, 가치를 보다 강조하기도 한다. 뿐만 아니라 학문 영역에 따라 보는 관점이 달라서 교육학 분야에서는 인성(人性)으로, 정신의학 분야에서는 인격(人格)으로, 심리학 분야에서는 성격(性格)으로 다루고 있다(천세영 외, 2012).

인성이라는 용어는 매우 다양한 의미로 사용되고 있으며, 그 개념을 명확히 정의하기가 쉽지 않다. 특히 우리 사회는 동양적 전통에서 보는 인성의 이해와 서구적 전통에서 보는 인성의 이해가 혼재되어 있어 인성의 개념 정의가 더욱 어려운 것이 사실이다.

동양철학적 관점에서 볼 때, 유교, 도교 및 불교는 인성이 외부에서 주어지는 것이 아니라 인간의 타고난 본성이며 인간의 내재된 본성에서 공통점을 찾을 수 있으며, 서양 철학적 관점에서 볼 때, 플라톤, 아리스토텔레스, 칸트 등은 인성을 인간의 심원한 내면성(그것을 영혼 또는 인격이라고 부르든 간에)을 계발 및 형성해 나갈 수 있는 관점으로 보았다(정창우, 2016).

한편 인성을 지칭하는 용어로 'character'와 'personality'가 혼용되고 있어 그 의미를 명확히 할 필요가 있다. 어떤 이들은 인성을 'personality'로 보고 인성교육의 학문적 배경을 성격이론이나 성격심리학에서 찾으려는 경우가 있다. 그러나 성격(personality)이나 개성은 인성(character)과 다소 다른 의미로 사용된다.

'Personality'는 개인의 행동, 생각 및 감정의 일관된 패턴을 나타내는 것을 의미한다. 이는 유전적, 생물학적 및 사회문화적인 요소에 의해 형성되며, 개인의 성격은 일반적으로 대인관계, 선호, 습관, 태도 등의 측면에서 나타난다. 'Character'는 개인의 윤리적, 도덕적, 신념적인 가치 및 행동을 나타내는 것으로 개인의 인격과 신념, 그리고 윤리적인 선택에 따라 형성된다. 예를 들어, 도덕적인 사람은 인격적인 윤리와 도덕적인 가치를 중요시하고 그것에 따라 행동한다. 즉 'Personality'는 개인의 행동 및 감정에 대한 일관된 패턴을 나타내는 반면 'Character'는 개인의 윤리적 및 도덕적 가치 및 행동을 나타내는 차이가 있다(홍길회 외, 2023 재인용).

'personality'가 개인에 대해 가치중립적이며 과학적으로 연구하기 위한 심리학적 연구에서 주로 사용되었다면, 'character'는 인간 본성, 인간됨이나 사람됨, 인격, 인품, 성품 등 인간으로서 지향해야 할 가치 규범에 관한 학문인 도덕철학 및 교육학의 연구에서 주로 사용되었다(현주 외, 2013).

인성에 관한 여러 학자의 견해와 주장을 종합하면 다음과 같이 다섯 가지로 정리할 수 있다(이희영 외, 2016).

첫째, 인성을 인간의 본성으로 보는 견해
둘째, 인성을 심리학적 용어인 'personality' 또는 'character'의 우리말 번역으로 보는 입장
셋째, 인성을 인격으로 이해하고자 하는 견해
넷째, 인성을 특정 학문적 배경에서 나온 이론적 개념이라기보다는 일상적인 의미의 인간 품성 또는 마음씨를 뜻하는 것으로 보는 견해
다섯째, 미래사회의 성공적인 삶을 영위하는 데 필요한 핵심 역량(key competence)으로 강조하는 입장

2) 인성의 요소

인성의 개념 정의가 학자들에 따라 다른 것처럼, 인성의 구성 요소에 대한 견해도 다양하다. 다양한 이론들을 크게 분류하면 인성의 요소를 덕목으로 보는 관점과 덕목과 역량의 통합체로 보는 관점으로 구분할 수 있다.

■ 덕목으로서의 인성

플라톤이 4주덕을 겸비한 정의로운 개인의 양성을 통해 정의로운 국가를 실현하고자 한 이래로 많은 철학가와 교육자들이 덕목의 함양을 통해 인성을 완성하고자 노력해왔다. 특히 미국의 인격교육을 주도하는 학자인 리코나(Lickona)는 인성을 도덕적 인성(moral character: 정직, 정의, 배려, 존중, 협력)과 수행적 인성(performance character: 인내, 근면, 진취성, 자제력, 용기)으로 구분하고, 수행적 인성과 관련된 덕목의 중요성을 강조하였다.

수행적 인성은 주어진 지지환경 안에서 지금 처한 수행환경(예를 들어, 교실이나 바깥놀이터 등)에서 끌어낼 수 있는 최대한의 가능성을 성취할 수 있도록 해준다. 다른 말로는 옳은 것을 행하지 않도록 유혹하는 상황을 잘 견딜 수 있도록 하는 내적인 강인함을 의미하는 것이기도 하다(Lickona, 2001).

3) 통합적 인성

최근 우리 사회는 인성의 개념을 덕목과 역량을 포괄하는 통합적 관점에서 보려는 경향이 강하다. 덕목과 역량이 상호 보완적, 상호 촉진적 관계를 가질 때 진정한 의미의 인성함양이 가능하기 때문이다. 정창우(2016)는 성실이나 절제와 같은 덕목의 실천은 도덕적 자기관리능력이나 도덕적 자기성찰능력과 같은 개인 인성역량에 의해 뒷받침될 때 그 실천력(혹은 수행력)과 행위의 일관성 및 지속성이 보다 높아질 수 있다고 하였다. 마찬가지로 바람직하고 합리적인 갈등해결능력을 포함한 도덕적 대인관계능력은 타인존중, 배려, 정의(공정성) 등의 덕목에 의해 뒷받침될 때 행위의 방향성 혹은 지향성이 보다 뚜렷해지고, 대인관계에서 행위자의 마음가짐과 태도가 어떠해야 하는가를 보다 분명하게 인식할 수 있게 된다는 것이다.

이러한 관점에서 천세영 등(2012)은 **그림 5-1**에서 미래사회의 핵심역량으로 요구되고 있는 사회성과 감성능력을 기르는 데 초점을 맞추고, 여기에 실제적 삶 속에서 겪게 되는 옳고 그름에 대한 윤리적 판단 능력과 책임 있는 의사결정능력을 기를 수 있는 핵심 윤리적 가치(덕목)를 인성의 구성요인으로 설정하였다. 그리고 도덕성, 사회성, 감성의 각 차원에 대한 인식능력과 수행능력에 해당되는 6개 핵심역량을 **표 5-1**과 같이 선정하였다. 여기에서 세 가지 차원 및 각각의 차원을 구성하는 핵심역량은 서로 배타적인 것이 아니라 상호 유기적으로 연관되어 있다고 보았다.

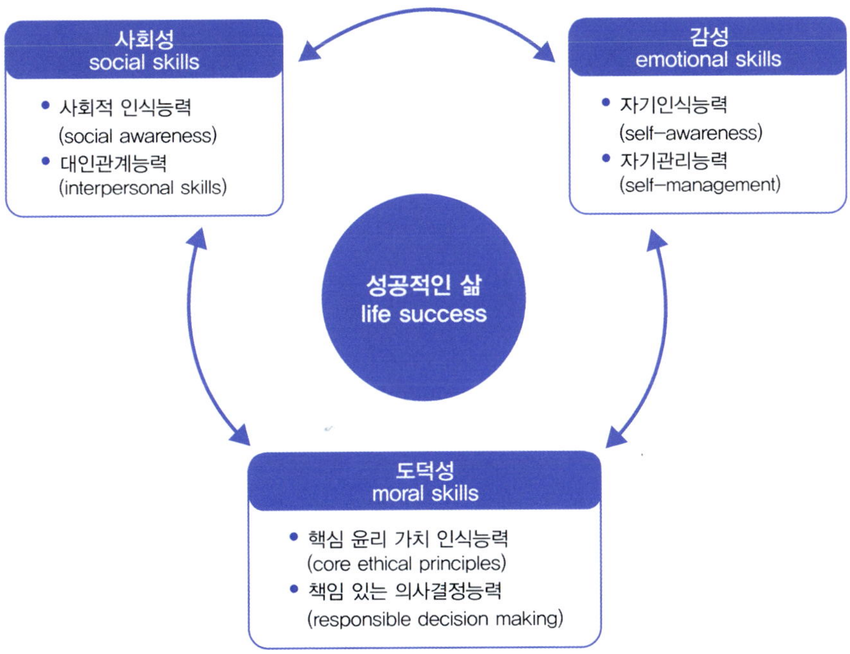

그림 5-1 인성의 3차원
출처: 홍길회 외(2023). 영유아교사 인성론(제2판). 동문사. p. 141.

표 5-1 인성의 구성요소

차원	역량	핵심 덕목	주요내용
도덕성	• 핵심가치 인식 • 책임 있는 의사결정	• 정직 • 책임	다양한 윤리적 상황에서 중요한 핵심가치가 무엇인지를 인식하고 판단하는 능력과 책임 있는 의사결정을 하는 능력
사회성	• 사회적 인식 • 대인관계	• 공감 • 소통	다양한 상황과 장소에서 타인의 생각, 감정, 관점을 이해·파악하고, 타인과 긍정적인 관계를 형성·유지하고 소통하는 능력
감성	• 자기인식 • 자기관리	• 긍정 • 자율	자신의 강점, 약점, 흥미, 능력 등을 파악하며, 개인적 목표를 설정하고 목표달성을 위해 자신의 생각과 행동을 조절·실행하는 능력

출처: 천세영 외(2012). p. 53.

02 창의적 인성 특성

1) 창의적 인간의 조건

창의성이란 어떤 상황에서 자신이 원하는 목표에 도달하기 위해 여러 가지 조작을 하는 일련의 과정을 통해 발현되는 문제해결력을 뜻한다(이정희, 2003). 문제를 해결하기 위해서는 문제를 파악하고, 도달해야 할 목표와 현재 상태의 불일치를 발견하며, 목표 상태에 도달하기 위한 여러 가지 조작이 필요하다. 이 과정에서 창의적 인간은 상황 대처 능력, 의사소통 능력 같은 기본 능력을 갖추고 있어야 하며 이러한 창의적 인간이 갖추어야 할 조건을 살펴보면 다음과 같다.

첫 번째 조건은 기획력, 코디네이터 기능, 다양성을 갖추고 있어야 한다. 기획력이란 아이디어를 내기 위해 목표를 설정하고 목표를 달성하기 위한 정보를 수집하며 창의적인 아이디어로 문제를 해결해 나가는 것을 말한다. 코디네이터 기능은 여러 사람의 생각이나 행동을 받아들이고 통합적으로 사고하여 결론을 이끌어내는 능력을 말한다. 또한 그 모든 과정에 다른 사람을 이해하고 배려하며 다양성을 인정하는 자세가 포함된다.

두 번째 조건은 구체적이고 현실적인 계획을 수립하는 전략성과 새로운 기술과 발전 방향의 예측과 경향을 파악하는 선견 능력, 정보를 적절히 선택하고 정보가 지닌 내용을 분석하는 정보 능력이 필요하다.

세 번째 조건은 여러 가지 정보를 활용하여 바른 판단을 할 수 있는 판단력이 있어야 한다. 이외에도 문제 제기에 대한 해결방안으로 교섭 능력과 기획안을 타인에게 논리적으로 설득시키기 위한 설득력, 실행에 요구되는 의사결정과 실행력이 뒷받침되어야 한다.

창의성은 개인의 정도 차이는 있지만 타고난 재능이 아니고 훈련되는 것이다. 창의적 인간이 되기 위해서는 다양한 경험과 지식을 습득하고 창의적 발상법의 훈련이 필요하다. 이러한 창의력 증진을 위한 훈련과 함께 정보수집과 정리를 통해 폭넓은 지식을 자기 것으로 만들어 나가며 사소한 것도 의식하는 감수성과 깊은 사고를 통해 독창적인 아이디어를 찾아내고 집중력을 발휘하여 업무를 효율적으로 작업하는 능력이 필요하다. 더불어 하나의 일을 고집하지 않는 유연함과 풍부한 지식으로부터 아이디어를 끌어내는 상상력 또한 필요하다. 나아가 어려움을 극복하는 인내력과 아이디어를 다듬어 낼 수 있는 비판력을 길러야 한다.

창의적 인간에 도움이 되는 가치관으로는 부정적인 태도보다는 인문학적 상상력과 바른 인성을 바탕으로 다양한 지식을 융합하여 새로운 가치를 창출할 수 있는 적극적이고 긍정적인 삶의 태도가 필요하다. 또한 윤리적 기준과 함께 공동체의식을 갖고 있어야 한다. 창의적인 인간은 인내심과 끈기가 있으며 사리사욕이 없고, 정직하며, 열심히 일하는 사람이며, 호기심과 상상력이 풍부하며, 꿈이 있으며 끊임없이 생각하고 고민하면서 그 꿈을 도전해나가는 사람이다.

창의·인성 Work 5-1

다음의 '오프라 윈프리의 인생 조언 6가지'를 읽고 키워드를 활용하여 성찰일기를 작성해 보세요.

1. 남들에게 호감을 얻으려 애쓸 필요 없다.
2. 일과 삶의 조화를 이뤄야 한다.
3. 포기하지 않는다.
4. 다른 사람들에게 온전하게 진실해야 한다.
5. 나보다 나은 사람들로 주위를 채워야 한다.
6. 나의 권한을 남에게 넘겨주지 말아야 한다.
   (내 인생에 관련한 선택은 내가 결정한다.)

2) 창의적 인간의 성격 특성

창의적인 사람들은 대체로 사회적 행동이나 태도에 있어 개방적이며 독립심이 강하고 지배력이 강하다. 새로운 정보나 경험에 대해 개방적이며, 다양한 흥미와 높은 수용력을 가지고 있다. 예민한 직관력, 폭넓은 융통성, 사회적 안정감이 있으며 때로는 고립적이며 비사교적인 태도를 보이기도 한다. 사회규범에 대한 깊은 관심을 보이며 급진주의적 성향이 있고, 외부의 통제에 저항하는 욕구가 강하다. 아이 같은 장난을 좋아하고 유머 감각이 뛰어나며 해학적이다. 그 밖의 특성으로는 예술적, 심미적, 이상적 가치에 관심이 많으며 신비스럽고 복잡한 것에 대한 호기심이 강하다(홍길회, 2018 재인용).

가드너(1993)가 제시한 특성을 살펴보면 창의성이 높은 사람들은 유아기적인 특성을 소유하고 있어 자기중심적이거나 이기적이고 참을성이 적으며 완고하다. 인습을 무시한다든지 묻지 않는 엉뚱한 질문을 하는 등 어린아이 같은 성격을 보일 때가 있다. 한마디로 어린 유아기에 고착하듯 유아기의 지적, 사회적, 정서적 잔재를 보존하려는 경향이 있다.

이신동 등(2016)은 창의적인 사람은 정열적이고 집중력이 강하며, 우월하고 독립심이 강한 모험가의 성향을 지니고 있으며, 이러한 특성을 애매모호함의 수용, 자극으로부터 자유, 기능적인 자유, 융통성, 모험성, 무질서의 선호, 전형적인 성역할로부터의 자유, 인내력, 용기 등의 아홉 가지로 제시하였다.

TIP 창의적 아동의 성격 특성

1. 질문을 많이 한다.
2. 답을 해도 쉽게 만족하지 않고 충분히 이해가 될 때까지 답을 요구한다.
3. 지적 호기심과 탐구심이 크다.
4. 어휘력이 뛰어나다. 매우 언어적이며 말이 유창하다.
5. 상상력이 풍부하며, 명랑하고 유머 감각이 있다.
6. 한 가지에 집착을 많이 한다. 심취 · 열중한다.
7. 끈질기고 인내심이 많으며, 포기하지 않으려 한다.
8. 아이디어가 풍부하다. 유연성이 있다.
9. 다양한 경험이나 나이에 비해 어렵다고 생각되는 것도 해 보고 싶어 한다.
10. 편견이 적으며, 외부의 억제나 구속, 틀에 박힌 규율을 싫어한다.
11. 실수를 두려워하지 않으며 모험과 위기 상황을 즐긴다.
12. 관찰력이 뛰어나고 주의 집중력이 있다.
13. 어떤 일을 할 때 색다른 해결책을 찾아낸다.
14. 퇴행적 사고나 혼자 생각에 빠진다. 색다른 생각을 많이 한다.
15. 동기유발이 주어지지 않아도 자발적으로 자신의 시간을 갖는 열의가 있다.
16. 행동이나 태도가 남다르고 비 관습적이다.
17. 때때로 타인들과 충돌할 때가 있다.

창의·인성 Work 5-2

체크리스트 활용

1) 아래의 체크리스트를 활용하여 자신과 주변인의 창의적 특성을 알아봅시다.

2) 또한 주변에서 창의적이라 생각되는 사람들은 누구인가(가족, 친구, 친척 등)? 왜 그렇게 생각하는지? 특성을 자세히 살펴봅시다.

	창의적인 특성 체크리스트	①	②	③	비고
1	사물을 당연한 것으로 받아들이지 않는다.				
2	상상력이 풍부하다.				
3	생각을 많이 한다.				
4	궁금할 때 다양한 방법을 동원하여 문제를 해결한다.				
5	자신만의 방법으로 일이나 행동을 한다.				
6	새로운 경험에 대해 개방적이다.				
7	새로운 것에 호기심이 강하다.				
8	재미있는 이야깃거리를 잘 만들어 낸다.				
9	새로운 시각을 통해 접근한다.				
10	다양한 경험을 하려고 한다.				
11	주어진 일에 다양하게 접근한다.				
12	주변에 관심이 많다.				
13	부모님이 간섭하는 것을 싫어한다.				
14	이미 정해진 것을 다른 방식으로 바꿔 보려 한다.				
15	다양한 취미를 갖고 있다.				
16	다양한 정보에 신경을 쓴다.				
17	물건을 다른 용도로 사용하는 것에 대해 생각한다.				
18	기꺼이 모험을 하려고 한다.				
19	자신이 이미 알고 있는 것에 대하여 다양하게 표현한다.				
20	틀에 박힌 대로 하는 것을 싫어한다.				
21	혼자서도 시간을 잘 보낸다.				
22	사고의 폭이 넓다.				
23	다양한 물건과 아이디어를 혼합하여 새로운 것을 만든다.				
24	새로운 것을 잘 받아들인다.				
25	보통 사람과 다른 관점에서 사물을 본다.				
26	기발하고 신기한 아이디어를 낸다.				
27	유머 감각이 있다.				
28	다양한 것을 수집한다.				
29	자기만의 세계를 갖고 있다.				
30	주어진 문제에 독특한 해결책을 제시한다.				

31	새로운 것을 시작할 때 두려워한다.				
32	틀에 박힌 대로 하는 것을 싫어한다.				
33	규칙대로 하지 않으려고 한다.				
34	사물을 자세히 관찰한다.				
35	남과 똑같은 행동을 하는 것을 싫어한다.				
36	남보다 튀는 행동을 두려워하지 않는다.				
37	겉으로 전혀 관계가 없어 보이는 아이디어들을 연관 지어 생각한다.				
38	지루한 것을 참지 못한다.				
39	항상 '왜'라는 의문을 갖는다.				
40	다른 사람을 의식하지 않는다.				
41	똑같은 일에 부딪혔을 때 새로운 방법으로 접근한다.				
42	광범위한 종류의 책을 읽는다.				
43	타인의 아이디어를 수용한다.				
44	부모가 찬성하지 않더라도 해보려고 한다.				
45	예리한 식별력과 관찰력을 갖고 있다.				
46	솔직한 성격을 갖고 있다.				
47	머릿속에 떠오르는 일은 무엇이든 시도해보려고 한다.				
48	복잡한 특성이나 변화에 대하여 민감하게 반응한다.				
49	무엇인가를 만들 때 독창적인 것을 만들어 낸다.				
50	자신이 옳다고 생각하는 것은 끝까지 주장한다.				
51	무엇인가를 만들 때 다양한 자료를 사용한다.				
52	다양한 분야에 관심이 있다.				
53	하나의 사물을 보고 다양한 생각을 한다.				

출처 : 전경원(2003), 유아용 창의성 특성 검사, 학지사 부설 학지심리연구소, 재구성.

03 인성교육의 목적과 요소

1) 인성교육의 목적

교육학계에서는 그동안 도덕 교과서의 이론 중심의 인성교육에서 벗어나 실천 중심의 인성교육을 강조하며 우리 사회를 이끌어 갈 인재 양성에 초점을 맞춘 새로운 인성 덕목을 찾고, 이러한 인성을 함양하려는 교육을 시도하고 있다. 이러한 맥락에서 최근 교직과목에서도 교육봉사와 논리, 논술교육이 새로이 추가되고, 창의 · 인성교육이 선택이 아닌 의무임을 강조하고 있다(교육과학기술부, 2011).

인성교육진흥법(2015)은 인성교육의 목적을 「대한민국헌법」에 따른 인간으로서의 존엄과 가치를 보장하고 「교육기본법」에 따른 교육이념을 바탕으로 건전하고 올바른 인성을 갖춘 국민을 육성하여 국가사회의 발전에 이바지함을 목적으로 한다고 하였다.

이와 같이 인성교육의 목적은 원만한 인간관계, 건설적이고 발전적인 가치관 형성, 자기실현의 욕구 충족, 능동적이고 적극적인 자세를 갖추게 하여 우리라는 공동체 안에서 인간다운 인간, 인간다움의 향기를 가진 인간으로 길러내는 데 있다.

2) 인성교육의 요소

인성교육진흥법(2015)에서 제시한 인성교육의 요소는 존중, 책임, 배려, 정직, 소통, 협동, 예, 효의 여덟 가지로 내용은 다음과 같다.

(1) 존중

존중은 사람이나 사물은 기본적으로 그들의 존재만으로 존중할 가치가 있음을 인식하고, 그 가치에 대하여 소중히 여기는 것을 말한다. 이는 각 생명체로서의 그 차제를 인정하고, 고유의 본질을 가치 있게 보는 것이다. 인간관계를 포함하는 자신과 타인에 대한 존중, 다른 사람들과 다른 문화에 대한 존중 그리고 생명과 환경에 대한 존중이 해당된다.

창의·인성 Work 5-3

상대에게 존중받고 있다고 생각할 때는 어느 때인지 그룹 원과 이야기를 나누고 적어봅시다.

(2) 책임

책임은 '맡아서 해야 할 임무나 의무 또는 어떤 일에 관련되어 그 결과에 대하여 지는 의무나 결과'이다(국립국어연구원, 2000). 책임은 어떤 역할이나 직무를 맡을 때 책임감이라는 단어로 쓰인다. 즉, 자신이 맡은 업무에 대한 결과를 순응하고 인정하는 것을 말한다. 책임은 가정, 집단, 국가 등 다양한 집단에서 동일하게 사용되고 있다.

책임이란 자신이 해야 할 역할 및 의무를 마땅히 행해야 한다는 인식을 일컫는 '역할 책임'과 책임을 다해야 하는 실제 상황에서도 그 책임을 행동으로 옮길 수 있는 '행위 책임'으로 나뉜다(정창우 외, 2013). 역할 책임은 맡아서 해야 할 역할과 의무에 대한 인식과 헌신이며, 행위 책임은 자기 자신, 가족, 지역공동체, 국가, 지구공동체에 대한 역할과 의무를 인식하면서 사람과 헌신으로 이러한 의무를 수행하려는 경향성을 말한다.

창의·인성 Work 5-4

생활 속에서 책임감이 필요한 행동에 대한 자신의 실천 정도를 솔직하게 평가해봅시다.

책임감이 필요한 행동	평가
	상
	중
	하
	상
	중
	하
	상
	중
	하

(3) 배려

배려는 타인의 필요와 요구에 민감하게 반응, 공감하는 것을 말한다. 친구, 가족, 이웃, 동·식물에 대한 배려가 있다. 배려는 특정한 개인 간의 관계에 한정되지 않고 폭넓게 확장되고 있다. 배려는 상대방에 대하여 사랑과 관심을 갖고 상대방의 마음을 잘 헤아리며 필요한 것이 무엇인지 서로 조율해 가는 활동이다(고미숙, 2007). 배려는 '도와주거나 보살펴 주려고 마음을 씀, 관심을 가지고 생각해줌' 등을 의미한다.

창의·인성 Work 5-5

외국인을 배려하는 차원에서 신경을 써야 할 부분을 선정하고 그 이유를 적어봅시다.

(4) 정직

정직은 '마음에 거짓이나 꾸밈이 없이 바르고 곧음'(국립국어연구원, 2000), 또는 '타인의 권리에 대해 배려하고 존중할 줄 아는 행동 특성'을 말한다(교육부, 2014). 정직은 '바르고 곧은 마음'을 의미하기도 한다.

정직은 스스로에 대한 약속, 즉 자신과 밀접한 관계를 가지고 있다. 나 자신 스스로가 정직해야 하는 이유에 대한 신념을 중요하게 생각하고, 정직한 행동을 이끌어내기 위해 자신의 내면을 신중하게 살펴보며, 자기 자신을 스스로 통제하여 부정직한 행동을 유인하는 상황으로부터 얻는 이익에 저항할 수 있는 힘을 가지고 있는 것을 말한다(송명자, 1995).

창의·인성 Work 5-6

자신이 생각하는 정직한 사람의 조건 세 가지를 적어봅시다.

TIP 자신이 정직한 사람인지 스스로 점검해봅시다.

① 전혀 그렇지 않다, ② 별로 그렇지 않다, ③ 가끔 그렇다, ④ 대부분 그렇다, ⑤ 매우 그렇다

	정직한 생활을 하고 있는가	①	②	③	④	⑤
1	다른 사람과 한 약속을 잘 지킨다.					
2	생각 없이 하는 거짓말을 고치려고 노력한다.					
3	물건을 주웠을 때에는 주인을 찾아주고, 거스름돈을 더 받았을 때는 되돌려준다.					
4	인터넷에서 자신이 누구인지 속이거나 부풀리지 않는다.					
5	어떤 일을 했을 때 그 일에 대해 과장하거나 축소하지 않는다.					
6	영화나 음악을 불법 다운로드하지 않는다.					
7	잘못했을 때 부모님께 거짓말을 하지 않는다.					
8	과제나 시험지 등을 베끼거나 훔쳐보지 않는다.					
9	일기를 거짓으로 쓰지 않는다.					
10	가족이나 친구들에게 나를 위해 거짓말을 해 달라고 부탁하지 않는다.					
11	친구들이 거짓말이나 잘못된 행동을 하자고 하면 거절한다.					
12	부모님께 거짓말을 해서 용돈을 받지 않는다.					
13	남의 물건이나 돈을 빌렸을 때에는 반드시 돌려준다.					
14	다른 사람의 주민등록번호와 같은 개인 정보를 함부로 사용하지 않는다.					
15	버스나 지하철의 요금을 속이지 않고 낸다.					
16	학교 시설이나 물건을 파손시켰을 때에는 솔직하게 말한다.					
17	다른 사람을 거짓으로 헐뜯거나 미워하지 않는다.					
18	잘못된 일은 고치자고 말할 수 있다.					
19	자신이 잘못한 일이 있을 때 변명을 하지 않고 잘못을 시인한다.					
20	확실하지 않은 정보나 소문을 사실인 것처럼 말하지 않는다.					

80점 이상: 대단히 정직한 사람
70점 이상~80점 미만: 정직한 사람
60점 이상~70점 미만: 일반적인 사람
50점 이상~60점 미만: 부정직한 성향이 많은 사람
50점 미만: 부정직한 사람

출처: 초등학교 도덕 교사용 지도서, 교육과학기술부(2010).

(5) 소통

소통은 '막히지 않고 서로 통하여 오해가 없다는 것'을 말한다(국립국어연구원, 2000). 소통은 뜻이 잘 통해서 오해가 없는 상태를 만드는 것이다. 인간이 환경에 속하는 대상과 느낌을 주고받는 과정으로 정의할 수 있다(교육부, 2014). 소통은 대부분 '의사소통'과 같은 맥락으로 해석한다(Warren, 1934). 의사소통은 언어를 포함한 여러 상징적 매개를 이용하여 둘 이상의 사람이 서로의 느낌, 의견, 정보를 교환함으로써 서로에 대해 이해하고 영향을 줄 수 있는 모든 과정으로, 인간관계의 필수적인 수단을 의미한다(한국교육학회, 2001).

창의·인성 Work 5-7

최근 친구의 이야기를 경청하면서 공감해 준 경험을 적어봅시다.

창의·인성 Work 5-8

신문기사를 읽고 문제해결방안을 평소 이웃과 의사소통을 어떻게 하는 것이 좋은지 생각해 봅시다.

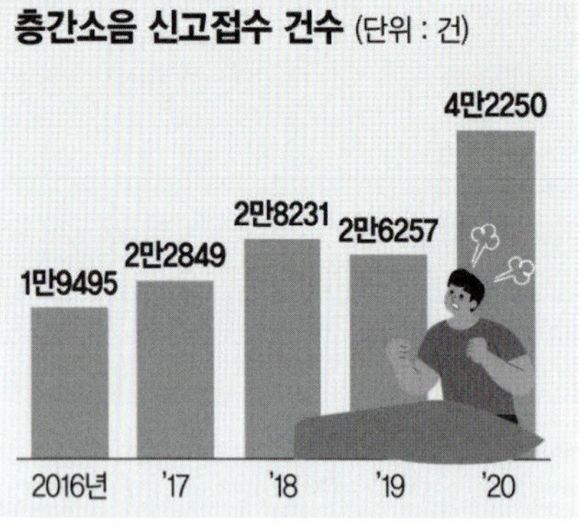

"위층에 외국인 발망치가 살아요. 번역기 돌려 쪽지도 써봤지만 소용없어요."

코로나19 사태가 1년 이상 지속되고 있는 가운데 다양한 형태의 층간소음 피해 사례가 나오고 있다. 특히 외국인 가구가 유발하는 층간소음은 문화적 차이 등으로 의사소통 자체가 어려워 해결책 마련에 어려움을 겪고 있다.

9일 한국환경공단에 따르면 지난해 집계된 층간소음 접수 건수는 총 4만2250건에 달한다. 코로나19 사태가 발생하기 전인 지난 2019년 2만6257건 대비 1만6000여 건이 늘어난 수치다.

층간소음 신고 접수 건수는 매년 늘고 있다. 지난 2016년 1만9495건, 2017년 2만2849건, 2018년 2만8231건으로, 2019년 소폭 줄었다가 지난해 급증했다. 최근 5년간 가장 많은 층간소음 민원이 접수됐다.

여러 형태의 층간소음 민원이 제기되고 있지만 층간소음을 유발하는 가구가 외국인인 경우도 상당한 것으로 알려졌다.

언어장벽으로 의사소통이 되지 않아 층간소음 피해 내용을 전달하기 어려워 번역기를 돌려 의사소통을 모색해 보지만, 층간소음 관련된 에티켓을 이해시키기까진 역부족이다.

출처: 한국환경공단(파이낸셜뉴스, 2021.02.09.).

(6) 협동

협동(협력)은 '서로 마음과 힘을 하나로 합하는 것'을 의미한다(국립국어원, 2016). 마음과 힘을 합하여 서로 돕는다는 것은 마음을 합하여 공동 과제를 산출하는 것을 의미한다. 조직이나 집단에서 두 명 이상의 구성원이 공동의 목표를 설정하고 이를 달성하기 위하여 개인적 책임을 다하고 서로 조언 및 조력을 주고받는 것을 말한다. 협동은 타인의 마음과 감정들을 잘 이해하고 조화로운 상황을 만들어 일에 대한 시너지 효과를 낼 수 있도록 하는 것이다. 협동이 잘 되는 조직이나 집단은 의사소통의 어려움이 없고, 구성원들 간 공동의 목표를 함양하는 데 있어 긍정적인 결과를 가져온다.

창의·인성 Work 5-9

홀로 하는 것보다 여럿이 함께하면 좋은 일들을 찾아보고, 그 이유를 말해 봅시다.

(7) 예

예(禮)의 의미를 글자 그대로 풀이해 보면 풍성하게 보인다는 뜻이다. 즉, 몸에 옷을 입어서 풍성하게 보이고 남에게 안정감을 주는 것을 뜻한다. 예란 나의 행동과 언어를 통하여 남에게 보이는 것이다. 예란 '다른 사람과의 생활에 있어서 다른 사람을 배려하고 마음에 들도록 처신하는 것'이다. 상대방에 대하여 자기 자신의 뜻을 강요하는 것이 아니라, 상대방에 의하여 자기 자신을 바꿀 수 있는 능력을 의미한다. 상대방을 대접하기 위하여 마땅히 지켜야 할 언어·행동상의 도리를 뜻하며, 다른 사람에게 마음으로부터 우러나오는 이해와 존중, 사랑과 공경을 바탕으로 하는 행동을 의미한다.

창의·인성 Work 5-10

조별로 인사예절 노래를 만들어 보고 제목을 붙여봅시다.

(8) 효

효는 자식으로서 인간된 도리를 충실히 하는 것을 말한다. 효는 부모에게 경애의 감정에 토대를 두고 행하는 행위를 가리키는 일반 용어이다. 부모에 대한 효는 '생명의 근원'인 조상에 대한 공경과 보은의 출발점이자 전제가 된다. 효는 모든 행위의 근원이며 동시에 인을 행하는 근본으로써 부모를 정신적으로, 마음으로 편안하고 기쁘게 해드리는 것이다. 즉, 효에는 부모님의 은혜에 감사하고 이를 갚아드리고자 하는 정신이 담겨 있다. 이것이 확대되어 형제자매 간의 우애와 경애로 발전하게 된다. 또한 효는 웃어른을 공경하고 아랫사람을 사랑하는 경애와 같은 맥락이다(유병열, 2008).

창의·인성 Work 5-11

효의 중요성을 여러 사람에게 알리는 현수막을 만든다고 가정하고 그에 알맞은 짧은 글을 적어봅시다.

창의·인성 Work

04 영유아교사 인성과 증진활동

인성교육은 바람직한 품성을 기르는 것으로 전통적으로 인성교육의 1차적 책임은 가정에 있었다. 그러나 현대사회에 들어서면서 여성의 사회 진출과 맞벌이 가정의 비율이 높아짐에 따라, 어린이집에 입소하는 영유아의 연령이 점차 하향화되고 어린이집에 머무는 시간도 늘어나게 되었다.

이에 2015년에는 「인성교육진흥법」이 제정되었고, 어린이집에서의 아동학대 사건이 지속적으로 보고되면서 영유아교사가 바람직한 인성을 갖추고 있어야 하며, 이들을 대상으로 인성교육을 강화해야 한다는 주장이 일고 있다. 이처럼 영유아교사의 인성이 중요시되는 이유를 살펴보면 다음과 같다(박진희, 2014; 박찬옥 외, 2013; 이은화 외, 2009; 최미곤 외, 2016; Berk, 2006; Noddings, 2003).

첫째, 영유아교육의 목적은 전인교육으로 사람다운 사람을 길러내는 일이며, 이러한 교육을 실행하는 사람이 영유아교사이다. 교육은 곧 교사와 영유아 간의 인격적 관계를 통한 상호작용 과정이므로, 영유아교사의 인성은 교육의 궁극적인 목적을 달성하는 데 매우 중요한 요인이다.

둘째, 영유아기는 인성교육의 기초를 형성하는 데 결정적인 시기일 뿐 아니라 발달 특성상 영유아는 타인을 모방하면서 발달한다. 영유아교사는 영유아에게 의미 있는 성인으로서, 영유아의 사회화 과정에 중요한 모델이 되고 장시간 영유아와 함께 생활하기 때문에 영유아의 인성을 발달시키는 데 지대한 영향을 미친다.

셋째, 영유아는 자신의 권리를 옹호하지 못하고 외부의 위협이나 강요로부터 스스로를 보호할 힘이 없다. 즉, 인성이 부족한 영유아교사가 영유아의 권리를 침해하고 잘못 다루어도 영유아는 이에 저항할 수 없기 때문에 그 피해는 더욱 심각해진다. 그러므로 초·중등교사에 비해 발달적으로 미성숙한 영유아를 다루는 영유아교사에게 인성이 더욱 요구된다.

이렇듯 영유아교사의 올바른 인성이 중요함에도 불구하고 영유아교사 양성과정에서는 보육 관련 전문지식과 기술 습득에만 중점을 두고, 자격증을 취득하면 자연스럽게 교사로서의 인성도 갖추어지는 것으로 여기는 실정이다(전재선, 2013). 이에 최근 보건복지부는 영유아교사인성론을 영유아교사 자격증 취득을 위한 필수교과목으로 지정하였으나, 인성이란 단기간에 형성되는 것이 아니므로 좀 더 장기적이고 체계적인 관점에서 인성교육을 실시할 필요가 있다.

다음 **표 5-2**는 육아정책연구소에서 제시한 영유아교사의 인성요소로, 영유아교사의 인성을 보편적 인성과 교사로서의 인성으로 구분한 후 각 7개씩 총 14개의 인성요소를 제시하였다(육아정책연구소, 2015).

표 5-2 영유아교사 인성요소와 인성요소별 개념

구분	구성요인	정의
보편적 인성	자기조절력	• 자신의 감정 상태를 인식하여 정서를 조절하고 통제할 수 있는 능력 • 행동 억제, 충동 억제, 만족 지연, 유혹에의 저항능력
	자아존중감	• 자신이 소중한 존재이고 유능한 사람이라고 믿는 마음
	책임감 · 성실성	• 맡은 일을 완수하고자 하는 의욕과 자발성이 강한 정도 • 자신이 맡은 일을 열심히 하고 끝까지 마무리 짓는 상황
	도덕성	• 준법정신, 공정·공평성, 약자에 대한 우선권, 직업윤리의식 • 정직성, 공사 구분, 법 질서 준수, 옳음에 대한 판단
	사회성	• 사회적 상황에 적응하는 능력 • 적극적 참여, 협동, 원만한 관계 유지, 사교적, 친절
	타인존중 · 배려	• 다른 사람의 생각이나 감정을 인정 • 상대방 입장을 먼저 생각하고 다른 사람을 돕는 행동
	심리적 건강	• 정신적 균형 유지와 정신건강과 적응의 조화 • 불안감, 우울, 편집증 등 정신건강 구성요소의 정상성

구분	구성요인	정의
교사로서의 인성	교직관 (소명의식)	• 직업적 활동에 삶의 의미와 목적 부여 • 직업을 천직으로 여기고 헌신
	수용성	• 이해하고 수용할 수 있는 열린 마음 • 선입견을 갖지 않는 것
	민감성	• 다양한 신호와 접근에 대해 이해하고, 신호와 요구에 신속하게 대처하는 것
	인내심	• 괴로움이나 어려움을 참고 견딤
	공감적 이해	• 타인이 느끼고 생각하는 바를 이해하는 인지적 공감 • 타인의 정서를 대리 경험하는 정서적 공감
	영유아에 대한 열정	• 영유아의 발달과 성장에 도움이 되는 일을 적극적으로 수행 • 필요한 사항을 탐색하고, 개개인의 상황에 적합한 자원을 제공하는 것
	주도성	• 자신의 삶을 적극적으로 이끌어 가는 능력 • 리더십, 지도력

출처: 육아정책연구소(2015).

1) 보편적 인성

보편적 인성은 인간이라면 누구나 지니고 있어야 할 도덕적 · 윤리적 · 정서적 기본 특성을 의미하며, 자기조절력, 자아존중감, 책임감 · 성실성, 도덕성, 사회성, 타인존중 · 배려, 심리적 건강을 포함한다(홍길회 외, 2023 재인용).

(1) 자기조절력

자기조절력은 사회적으로 수용 가능한 행동을 하도록 외부의 제재나 감시 없이 자신의 감정과 행동을 조절·통제할 수 있는 능력을 의미한다. 영유아교사는 속상하거나 화나는 일이 있더라도 타인을 해치거나 위협하는 행동을 하지 않고, 자신의 감정을 정확히 인식하고 이를 조절하여 상대방에게 자신의 감정을 말로 표현할 수 있어야 한다.

일반적으로 사건의 원인을 외부에서 찾는 사람의 경우, 문제가 발생했을 때 상대방 또는 환경을 탓하는 경우가 많다, 반면, 사건의 원인을 내부에서 찾는 사람의 경우 문제해결 시 자신을 먼저 반성하는 경향이 있다. 교사로서 전자의 성향이 강한 사람은 학급 운영 중에 문제가 생겼을 때 자신을 반성하기보다는 동료 교사나 유아, 부모를 탓하는 경우가 많다. 후자의 경우 유사한 상황에 처했을 때 자신을 돌아보는 반성적 사고를 함으로써 상황을 개선하고자 하는 성향이 강하다.

창의·인성 Work 5-12

명상은 자신의 내면을 탐구하고 더 깊은 감정을 이해하는 데 도움을 줍니다. 잠깐 멈추고 3분 동안 명상한 후 떠오르는 느낌을 적어봅시다.

TIP 심호흡의 네 가지 장점

- 이완 : 천천히 길게 호흡하면 몸이 이완되고 편안해져요. 마음도 그래요.
- 집중 : 들이쉬고 내쉬는 숨에 주목하면 집중하는 힘이 강해져요.
- 이해 : 차분하게 자기 자신을 바라보면 감정을 이해할 수 있어요.
- 긍정 : 짧은 호흡만으로도 많은 것이 바뀐다는 사실을 알게 돼요.

(2) 자아존중감

자아존중은 개인이 스스로를 어떻게 생각하고 있는지를 나타내는 것이다. 일반적으로 자아존중감이 높으면 자신이 이루고자 하는 목표에 대한 인식이 뚜렷하므로 진로를 일찍 결정하는 경향이 높다. 뿐만 아니라 자아존중감이 높으면 자신을 존중하는 만큼 타인을 배려하는 경향이 있으므로 학습자를 더욱 잘 이해하고, 동료들과 원만한 대인관계를 형성한다. 아울러 자신에 대해 긍정적이므로 자신이 선택한 직무에도 비교적 높은 만족도를 보인다(오영희 외, 2008).

하터와 파이크(Harter & Pike, 1984)는 자아존중감은 신체적 자아존중감, 정서적 자아존중감, 정체적 자아존중감, 가족수용 자아존중감, 인지적 자아존중감으로 구성된다고 보았다(이경민 외, 2018).

신체적 자아존중감은 운동이나 실외놀이 등에서 자신의 신체를 잘 조절하고 즐겁게 참여할 수 있는 능력을 비롯한 건강, 신체적 외모에 대한 자아존중감이다. 정서적 자아존중감은 주어지는 과제수행능력에 대한 능력감, 자신감, 성취감, 독립심, 만족감 등에 대한 자아존중감을 의미하며, 정체적 자아존중감은 나 스스로 대한 만족감, 행복감 등 자아에 대한 존중감을 의미한다. 가족수용 자아존중감은 가족에게 느끼는 행복감과 부모와의 관계에서는 느끼는 정서적 안녕감이며, 마지막으로 인지적 자아존중감은 기본적인 학습활동의 수행능력, 의사소통능력과 호기심, 문제해결능력에 대해 스스로가 지각하는 역량을 의미한다.

창의·인성 Work 5-13

위대한 나를 발견하기 위해 자신의 강점을 생각해봅시다.

마틴 셀리그만은 '긍정심리학'에서 "행복한 삶이란 참된 행복과 큰 만족을 얻기 위해 날마다 자신의 대표적인 강점을 활용하는 것이다."라고 말하였는데, 위대한 나를 발견하기 위해 자신의 강점을 생각해봅시다.

(3) 책임감 · 성실감

책임감은 맡아서 해야 할 임무를 중요하게 여기고 완수하고자 하는 의욕과 자발성의 정도이며, 성실성은 자신이 맡은 일을 열심히 끝까지 마무리 짓는 성향이다. 책임감 있고 성실한 영유아교사는 자신에게 주어진 여러 역할과 업무를 충실하게 잘 수행함으로써, 질 높은 보육을 제공하고 영유아를 비롯한 동료교사, 학부모, 지역사회로부터 신뢰감을 얻을 수 있다.

창의·인성 Work 5-14

맡은 일을 끝까지 잘 마무리 지었던 사례를 찾아 적어보고, 가능했던 이유를 적어봅시다.

(4) 도덕성

도덕성은 준법정신, 공정성 및 공평성, 약자에 대한 우선권 부여, 직업윤리의식 등과 함께 정직성, 공사 구분, 법 질서의 준수, 옳음에 대한 판단 등을 모두 포함하는 개념이다. 도덕성이 있는 영유아교사는 약자인 영유아를 우선적으로 보호할 것이며, 영유아나 그들의 가족을 차별하지 않을 것이다. 뿐만 아니라 영유아와 함께 생활하면서 항상 도덕적으로 올바른 가치관을 갖고 판단하며, 행동하기 때문에 사회화 모델로서 영유아의 도덕성 발달에도 긍정적인 영향을 미친다.

창의·인성 Work 5-15

교사로서 모델링이 되었으면 하는 모범적인 태도를 적어봅시다.

(5) 사회성

사회성은 사회적 상황에 적응하는 능력으로, 사회활동과 집단생활에 적극적으로 참여하고 다른 사람과 친밀하고 원만한 관계를 형성 · 유지하는 성향이다. 영유아교사직은 사람을 대하는 직업이고, 모든 보육업무는 영유아, 학부모, 동료, 지역사회 등 타인과의 관계 형성과 협력을 기초로 이루어진다. 따라서 사교적이고 타인과 긍정적인 사회적 관계를 맺는 데 필요한 친사회적인 태도는 영유아교사에게 중요한 인성 요소이다.

창의·인성 Work 5-16

두 명씩 짝을 지어 한 명이 이번 주말에 하고 싶은 일을 2분 동안 신나게 이야기합니다. 다른 한 명은 상대의 말을 경청합니다. 역할을 바꾸어 한 번 더 진행하고 느낀 점을 적어봅시다.

(6) 타인존중 · 배려

타인존중은 다른 사람의 생각이나 감정이 나와 다를 수 있음을 인정하고 이를 인정하는 것이다. 배려는 자신보다 상대방의 입장을 먼저 생각하고 타인이 어려움에 처하거나 도움을 필요로 할 때 기꺼이 응하는 행동이다. 개별 영유아는 저마다 독특한 개성과 잠재력을 가지고 있고, 영유아와 가정의 사회 · 문화적 배경도 각각 다르다. 또한 영유아는 아직 발달적으로 미성숙한 존재로 성인의 도움이 필요하고, 학부모들도 자녀를 양육하는 과정에서 많은 갈등과 어려움을 느끼며 영유아교사의 전문적인 지원과 조언을 요구한다. 이러한 이유에서 영유아교사는 타인을 존중하고 배려하는 마음가짐을 가져야 한다.

창의·인성 Work 5-17

사람은 얼굴 모습과 같은 외부적인 면만이 아니라, 습관, 식성, 태도, 성격, 능력 등 모든 분야에서 다릅니다. 친구와 나의 다른 점을 찾아봅시다.

창의·인성 Work 5-18

생활 속에서 배려받지 못해 생긴 속상했던 경험담을 편안하게 이야기해 보고 생활 속의 작은 실천을 적어봅시다.

2) 교사로서의 인성

교사로서의 인성은 보편적 인성처럼 인간이면 누구에게나 기대되는 인성이 아니라 영유아교사이기 때문에 특별히 요구되는 인성을 의미한다. 여기에는 교직관, 수용성, 민감성, 인내심, 공감적 이해, 영유아에 대한 열정, 주도성이 포함된다(홍길회 외, 2023 재인용).

(1) 교직관(소명의식)

교직관(소명의식)은 영유아교사직에 삶의 의미와 목적을 부여하고, 영유아교사로서 사회적 기여와 책무를 인식하며, 다소 열악한 근무여건과 과도한 업무에도 불구하고 이를 기꺼이 감수하고 직업적 보람을 느끼는 것을 뜻한다. 따라서 영유아교사로서 직업적 소신과 헌신이 없다면, 직무만족도가 낮아 이직과 퇴직의 확률이 높고 교사로서 전문성을 개발하고 성장하는 데 한계가 있다.

창의·인성 Work 5-19

예비교사로서 어떤 교사가 되고 싶은지 적어봅시다.

(2) 수용성

수용성은 타인의 현재 수준을 이해하고, 고정관념과 편견을 갖지 않고, 있는 그대로 받아들이는 태도를 의미한다. 수용성은 보편적 인성인 타인존중과도 밀접한 관련이 있는 요소로 영유아교사는 개별 영유아의 기질과 특성, 사회 · 문화적 차이를 일정한 기준과 잣대로 평가해서는 안 된다. 즉, 영유아교사는 인종, 국가나 민족, 종교, 장애, 성, 직업, 경제적 수준 등에 대한 고정관념과 편견을 없애고 다양성의 차원에서 열린 마음으로 수용하는 태도를 가져야 한다.

틀려도 괜찮아 교실에선
너도나도 자신 있게 손을 들고
틀린 생각을 말해 틀린 답을 말해
틀리는 걸 두려워하면 안 돼
틀린다고 웃으면 안 돼
틀린 의견에 틀린 답에
이럴까 저럴까 함께 생각하면서
정답을 찾아가는 거야
그렇게 다 같이 자라나는 거야
자꾸자꾸 말하다 보면
자꾸자꾸 틀리다 보면
하고 싶은 얘기의 절반 정도는
말할 수 있게 되는 거야
그리고 가끔
정답을 말할 수도 있지
그러니까 누가 웃거나 화를 낸다 해도
절대 기죽으면 안 돼
이런 멋진 교실을 만들자

-동화 〈틀려도 괜찮아〉 중에서

창의·인성 Work 5-20

실수할 수 있는 용기와 경험에 대해 어떻게 생각하는지 적어봅시다.

(3) 민감성

민감성은 영유아가 교사에게 전하는 다양한 언어적 · 비언어적인 신호와 요구를 이해하고, 이에 대해 신속하고 적절하게 대처하는 것이다. 특히 언어적 표현이 미숙한 영유아와 함께 생활하는 영유아교사에게 민감성은 매우 중요한 인성요소이다, 영유아교사는 항상 영유아를 주의 깊게 관찰하고 이들의 눈빛, 표정, 손짓, 단어 등의 의미하는 바가 무엇인지 재빨리 알아차리고, 이들의 요구에 즉각적으로 반응해 주어야 한다. 왜냐하면 영유아는 민감하게 반응하는 교사에게 신뢰감을 느끼고 애착을 갖게 되어 심리적으로 안정감을 갖고 어린이집에서 즐겁고 편안하게 생활할 수 있기 때문이다.

창의·인성 Work 5-21

그림 속의 두 유아의 상황은 어떠한가? 그에 따른 지도방안을 생각해 봅시다.

(4) 인내심

인내심은 괴로움이나 어려움을 참고 견디는 것을 뜻한다. 실제로 영유아와 함께 생활하는 것은 많은 인내심을 필요로 한다. 유아가 외투를 입을 때 교사가 유아의 외투 단추를 채워 주면 더 빨리 입을 수 있지만 유아가 시행착오를 거듭하며 천천히 스스로 할 수 있도록 격려하고 기다려 주어야 한다. 때로는 사용방법을 자세히 설명을 해주었더라도 반복해서 설명하기도 해야 한다. 뿐만 아니라 여러 명의 유아가 돌아가면서 동일한 질문을 하는 경우, 함께 이야기 나누고 있는 주제나 질문과 전혀 관련이 없거나 엉뚱한 대답을 하는 경우 등은 영유아교사가 일상적으로 겪는 일이다. 이처럼 영유아교사의 인내심은 영유아의 자율성과 자아존중감, 창의성 등을 발달시키는 데 영향을 미치는 중요한 인성 요소이다.

창의·인성 Work 5-22

그룹원과 역할(교사 · 유아)을 나누어 상황극을 만들어봅시다.

1. 유아가 떼쓰는 난처한 상황

2. 유아가 같은 활동을 고집부리며 계속하고 싶어 하는 상황

(5) 공감적 이해

공감적 이해는 타인이 느끼고 생각하는 바를 이해하는 인지적 공감과 타인의 정서를 대리 경험하는 정서적 공감을 모두 포함하는 개념으로, 영유아교사는 영유아의 입장에서 느끼고 이해해야만 이들과 소통하고 요구에 적절하게 대응할 수 있다. 예를 들어, 한 유아가 친구들과 함께 양보하며 놀이하기로 한 약속을 어기고 계속 자기만 하겠다고 우기고 있다고 가정해보자. 공감적 이해가 부족한 영유아교사는 유아의 입장에서 생각하지 않고 약속을 어긴 잘못된 점만 지적하며 상호작용할 것이다. 그러나 공감능력이 뛰어난 교사라면 "○○이(가)이 놀이를 매우 좋아하는구나. 친구들에게 양보하고 싶지 않을 만큼 계속하고 싶었나 보네."라고 말하며, 먼저 유아의 감정을 읽어 줄 것이다. 그런 후 함께 정한 놀이의 약속을 상기시키면서 그 놀이를 하고 싶어 하는 다른 유아의 입장을 생각해 보고 어떻게 해결하면 좋을지 이야기 나눌 것이다. 이렇듯 공감능력이 높은 교사는 유아의 감정도 존중하면서 갈등을 중재해 나갈 것이다.

창의·인성 Work 5-23

주변 사람이 나의 마음을 알아주지 못할 때 나는 어떻게 나의 마음을 전달하는지 이야기해 봅시다.

(6) 영유아에 대한 열정

영유아에 대한 열정은 기본적으로 영유아에 대한 많은 애정과 관심을 갖고 영유아의 성장과 발달에 도움이 되는 일을 적극적으로 수행하는 것이다. 또한 영유아의 입장에서 필요한 사항을 탐색하고, 개별 영유아의 상황에 적합한 지원을 제공하는 것을 의미한다. 열정이 많은 영유아교사는 한 명의 유아라도 그 유아가 흥미를 보이는 것에 관심을 갖고, 유아의 흥미가 지속 · 확장될 수 있도록 안내할 것이다. 그리고 활동을 준비하는 데 많은 시간과 노력이 필요할지라도 영유아에게 의미 있는 활동이라면 기꺼이 준비하고 이들과 즐겁게 활동할 것이다.

창의·인성 Work 5-24

영유아 관찰일지를 작성할 때 기록하고 싶은 내용들을 적어봅시다.

(7) 주도성

주도성은 자신의 삶을 적극적으로 이끌어 가는 능력과 자신의 삶에 스스로 책임지고, 자기 행동은 자신의 의사결정에 의한 것임을 인식하는 것을 의미한다. 리더십 또는 지도성과도 관련이 있다. 영유교사는 영유아의 성장과 발달을 위해 학부모, 지역사회와의 협력적인 관계 형성을 위해 먼저 다가가야 한다. 뿐만 아니라 영유아교사로서의 전문성을 증진시키려면 끊임없이 자신의 교수행위 전반을 반성적으로 성찰하고, 다양한 교육과 연수에 적극적으로 참여한다. 컨설팅, 수업 영상 분석 등 수업 개선을 위한 노력도 기울여야 한다. 따라서 매사 적극적으로 임하는 주도성 역시 영유아교사에게 중요한 인성요소로 손꼽힌다.

창의·인성 Work 5-25

교사로서 영유아의 놀이 활동 주제를 확장시키기 위해 노력하고 싶은 점을 적어봅시다.

창의성교육과 인성

PART Ⅱ

창의성과 인성의 증진

CHAPTER 6
창의력 훈련방법

01 브레인스토밍

1) 브레인스토밍의 이해

브레인스토밍(Brainstorming)은 자유로운 토론을 통해 창조적인 아이디어를 끌어내는 일로 창조적 사고를 유발하는 집단적인 사고의 전형적인 기법이다. 어떤 주제나 문제의 해결에 필요한 아이디어를 많이 얻기 위해 사용된다. '두뇌 폭풍'을 일으킨다는 의미로 전략을 수립하거나 방향을 잡는데 중요한 생각들을 하나의 시각물로 표현하여 핵심이 되는 내용과 방향성을 명확하게 하기 위한 수단 중 하나로 사용된다. 이 방법의 기본 가정은 사고에서의 양이 질을 결정한다는 것으로, 양적으로 축적된 아이디어를 목록별로 정리하고 발전시켜 원하는 최종 산출물을 얻는다.

오스본은 브레인스토밍의 전제로 모든 사람은 창의적인 재능을 가지고 있다고 전제한다. 그는 사고하는 마음을 두 개의 요소인 판단하는 마음(Judicial Mind)과 창의적인 마음(Creative Mind)으로 나누었다(임선하, 2005). 판단하는 마음은 분석, 비교, 선택하는 것이고, 창의적인 마음은 아이디어를 시각화하고 예언하며 산출하는 것이다. 태어날 때 모든 사람은 창의적인 재능을 가지고 있으나, 성장하면서 점차 그 재능은 판단에 의해 제한되며, 판단이 때로는 창의성을 방해한다. 오스본에 따르면 개인은 나이가 들어감에 따라 점점 더 판단을 많이 하게 되고 대부분의 일생 상황이 창의성보다는 판단에 관여를 많이 한다고 하였다.

(1) 브레인스토밍의 목적과 특징

브레인스토밍하는 것은 가능한 많은 해결책을 생성하게 하는 데 있다. 복잡한 문제를 여러 사람이 단기간에 해결할 수 있고, 모든 사람들이 창의적 사고의 경험을 할 수 있게 하는 것이 목적이다. 어떤 문제나 주제에 대해 자유롭고 유쾌한 회의를 통해 아이디어 발상에 연쇄반응을 일으켜 보자는 것이 특징이다(홍길회, 2018 재인용).

(2) 네 가지 규칙과 리더의 역할

① 네 가지 규칙

편견이나 경직된 사고에서 벗어나 좀 더 자유롭고 개방적이며, 창의적인 사고를 가능하게 하기 위한 규칙이다. 아이디어에 있어 비판을 절대 하지 않는다. 구성원 각자가 자유분방한 제안을 할 수 있게 해준다. 되도록 많은 아이디어가 나오도록 분위기를 조성해야 한다. 아이디어의 결합을 자유롭게 할 수 있어야 한다.

㉠ 비평을 배제한다.

어떤 사람도 모든 아이디어가 만들어질 때까지 어떤 아이디어도 평가하지 않는다. 이 규칙은 말로 하는 비판과 말이 아닌 비판 모두를 금지한다. 아동과 작업을 할 때 아동에게 반드시 이해시켜야 한다. 동의하지 않는 표정을 짓는 것, 또는 다른 표시 등을 말한다.

㉡ 자유롭게 움직이는 것을 환영한다.

브레인스토밍에서는 개념에서 벗어난 것을 창의적 아이디어에 대한 디딤돌로 여긴다. 에둘러 가는 것처럼 보이는 제안이 쓸모 있는 아이디어로 이끄는 새로운 관점을 열 수 있다. 예를 들어, 지하에 있는 우울한 교실을 좀 더 매력적으로 만들기 위한 브레인스토밍을 하는 동안, 한 아동이 유리로 되어 있는 창을 스테인드

글라스로 바꾸자고 제안했다. 이 제안은 분명히 학급의 예산 범위를 벗어나는 것이지만, 아동에게 창문에 대해 생각하게 만들었고 스테인드글라스를 연상시키는 셀로판지를 창문에 사용하는 영감을 제공했다.

㉢ 아이디어 양이 필요하다.

아이디어의 수가 많으면 많을수록 좋다. 많은 수의 아이디어가 적은 수의 아이디어보다 좋은 아이디어를 낳기 쉽기 때문이다. 양이 질을 결정한다는 원칙이다. 진주조개잡이는 조개가 있는 곳에 들어가서 가능하면 많은 양의 진주조개를 채취한다. 그런 다음 이들을 하나하나 점검하여 진주를 찾아낸다(임선하, 2005).

㉣ 결합과 개선을 추구해야 한다.

이 규칙은 때로는 하이킹(Hiking)처럼 묘사된다. 누군가가 한번 제안한 아이디어는 이미 그 아이디어를 제안한 사람의 전유물이 아니다. 수많은 좋은 아이디어들이 그 이전의 아이디어를 결합하거나 그 바탕 위에서 발견될 수 있다. 이렇게 공들이는 과정을 격려받아야 한다. 때로는 경쟁과 개인적인 소유권에 익숙한 아동에게 아이디어를 공유하는 개념을 전달하는 데 추가적인 노력이 필요할 것이다.

창의·인성 Work 6-1

여행하고 싶은데 돈이 없는 경우를 가정하고 여행할 수 있는 방법을 생각해 봅시다.

② 리더의 역할

리더는 일반 회의 사회자와는 다르며, 자기 페이스대로 무리하게 이끌어서는 안 된다.

㉠ 원칙을 설명하고 참석 멤버 전원이 볼 수 있는 곳에 원칙을 게시해 두어야 한다.

㉡ 원칙을 위반 시 윽박지르기보다는 미리 준비해둔 벨을 눌러 암묵의 충고를 할 수 있어야 한다.

㉢ 처음부터 끝까지 자유롭고 유쾌한 분위기가 조성되도록 세심하게 신경을 써야 한다.

㉣ 식사나 커피를 마시면서 진행해도 좋다.

㉤ 주제에서 벗어나지 않도록 하고, 시간은 15분~1시간이 적당하다. 시간은 미리 정해두는 것이 더 효과적이다.

(3) 효과적인 브레인스토밍이 되기 위한 사전 준비

사전 준비에는 팀원, 장소, 시간 계획, 준비물이 구비되어야 한다.

① 팀원: 상상력이 풍부하고, 혁신적이며 미래 지향적인 성격을 가진 사람이 포함되어 있어야 한다. 여러 분야의 종사자들로 구성하는 것이 좋다.

② 장소: 익숙한 곳이 아닌 새로운 장소, 아름답고 편안한 장소가 좋다. 사무실 배치는 원형이나 U자형 좌석 배치로 하고, 경쾌하고 감미롭고 조용한 배경 음악이 있으면 금상첨화(錦上添花)다. 향기로운 꽃, 가벼운 간식을 배치할 수 있다.

③ 시간 계획: 두 개 이상의 주제 또는 2시간짜리 회의를 계획하지 않는다. 아침 회의가 더 생산적일 수 있다.

④ 준비물: 화이트보드, 마커, 포스트잇 등과 워밍업 소도구, 시계, 녹음기를 준비할 필요가 있다.

(4) 효과적인 브레인스토밍 방법과 주의 사항

① 효과적인 브레인스토밍 방법

㉠ 회의에 참가하는 멤버는 최대 12명 정도(리더 1명, 서기 1명, 정규 멤버 5명, 신규 멤버 5명)가 좋다.

㉡ 정규와 신규 멤버 반반이 적절하다. 진행이 순조롭지 못하고, 기발하고 새로운 아이디어가 나오기 어렵기 때문이다.

㉢ 회의장은 너무 크면 좋지 않다. 원형이나 'ㄷ'자 형으로 책상과 의자를 배열하는 것이 좋다.

㉣ 제안된 아이디어는 멤버 전원이 볼 수 있게 하고 흑판이나 커다란 종이를 붙여 놓고 기록하는 것이 좋다.

② 주제 설정에 있어 주의 사항

㉠ 양자택일을 강요하는 주제는 좋지 않다. (주제를 다루기에는 부적절)

㉡ 일반적이고 얼마든지 확장할 수 있는 주제보다 구체적인 주제가 좋다.

㉢ 너무 광범위한 주제는 좋지 않다. (주제는 세분화하고 구체화할 필요)

㉣ 한 번에 두 가지 이상의 주제를 다루지 않는다. (주제가 둘 이상인 경우 2회로 나누어 따로 다루는 것이 바람직)

㉤ 주제의 내용을 사전에 멤버에게 알려 주면 보다 효과적이다.

창의·인성 Work 6-2

차량용 컵홀더를 개선할 수 있는 방법을 브레인스토밍 해봅시다.

※ 아이디어를 기록해 보세요.

(5) 효과적인 브레인스토밍 진행

① 주제는 구체적으로 정한다. 문제해결을 위한 주제 선정을 명확하게 하고 구체적으로 제시하여야 한다.

② 모두가 볼 수 있는 칠판과 같은 곳에 큰 모조지나 전지를 준비하여 붙인다. 포스트잇을 활용하여 아이디어를 기재한 후 모조지를 붙인다.

③ 리더는 촉진자로서의 역할을 하여야 하며 사전에 주제를 잘 분석하고 발상을 위한 다각적인 방법을 구성원에게 제시할 수 있어야 한다.

④ 구성원은 5~8명 정도가 좋다. 현장의 목소리를 낼 수 있는 구성원이 좋다.

⑤ 자유롭게 의견을 제시하도록 하고 잘 기록하거나 포스트잇을 활용하면 효과적이다.

⑥ 주제(문제해결)와 연관되게 항목별로 포스트잇을 그룹화하여 나열하고 중요성에 따라 구성원의 의견을 묻는 투표를 실시한다.

⑦ 중요한 대안 2~3가지를 가지고 의견을 개진하여 새로운 아이디어를 지속적으로 제시할 수 있도록 앞의 내용을 반복한다. 즉, 새로운 항목에 각자의 아이디어를 결합하여 독창성이 있는 새로운 대안이 도출될 수 있도록 반복한다.

⑧ 1시간 정도가 적절하며 그 이상 걸리면 중간에 휴식을 취한다.

⑨ 브레인스토밍의 절차를 간단히 제시하면 다음과 같다.

주제(문제) 설정 → 인원 구성 → 문제 제시 → 원칙확인 → 연습 → 진행 → 종결 → 아이디어 낭독 → 추가기록 → 정리 및 활용

2) 집단에 의한 브레인스토밍 체험

브레인스토밍의 논제는 문제 진상에 국한되는 것이 아니라 생각의 자유를 허용할 수 있을 정도로 폭이 넓어야 한다. 예를 들면, 사회 시간에 가족이란 단원에 대해서 브레인스토밍을 할 때 질문을 '가족의 단결력과 단란함을 증진시킬 수 있는 방법은 무엇이 있을까?' 혹은 일본이라는 단원에 대해서 브레인스토밍을 할 때 질문을 '우리가 일본에 대해서 알고 싶은 것은 무엇인가?'라고 한다. 두 가지 경우에 모두 발생된 아이디어들은 다른 학습 활동을 할 때에도 토대로 사용될 수 있다. 브레인스토밍은 교과 과정의 거의 모든 영역에서 사용할 수 있다.

표 6-1을 사용하여 브레인스토밍 법을 실제 체험해 보자. 바다와 육지를 건너는 아이디어 〈개인〉의 란을 사용하여 한 사람씩 발상해보자. 이 경우 각자 머리 안에 떠오르는 아이디어를 열거하면 좋다.

표 6-1 브레인스토밍법의 훈련

훈련 : 섬과 육지를 건너는 아이디어		
〈개인〉 3분간 발상		
1. 헤엄쳐 간다.	2. 돛단배를 타고 간다.	3. 다리를 세워 걸어간다.
4.	5.	6.
7.	8.	9.
10.	11.	12.
13.	14.	15.
〈집단〉 브레인스토밍법(타인의 발상은 39번부터, 자신의 발상은 1번부터)		
1.	2.	3.
4.	5.	6.
7.	8.	9.
10.	11.	12.
13.	14.	15.
16.	17.	18.
19.	20.	21.
22.	23.	24.
25.	26.	27.
28.	29.	30.
31.	32.	33.
34.	35.	36.
37.	38.	39.

(1) 3분간 발상의 시간

지금까지의 경험으로는 개인의 발상 란에 3분간 겨우 5~6개의 아이디어밖에 생각할 수 없었을 것이다. 이것이 개인 발상의 한계이다. 다음의 〈집단〉 브레인스토밍법의 란을 실제로 해 보면 달라진다.

〈집단〉 브레인스토밍 법에서는 우선 내가 리더(사회자) 역을 맡는다. 〈집단〉의 기입란에는 번호가 1~25까지 기재되어 있다. 내가 줄마다 학생을 지명하여 그 학생에게 3분간 개인 란에 쓴 아이디어를 한 개씩 읽게 한다. 이때 그 외의 학생은 읽어 내린 아이디어가 자신의 것 가운데 없는 경우 〈집단〉의 기입란의 마지막 39번부터 번호를 거슬러 올라가며 쓰게 한다. 그리고 쓰면서 읽어 내린 아이디어에서 유도·촉발된 아이디어나 응용할 수 있는 아이디어가 생각났을 때에는 '괜찮을까' 하고 생각하면서 1번부터 차례로 기입한다.

타인의 아이디어를 마지막 39번째로부터 기입하여 그 아이디어에 의해서 유발된 아이디어를 1번부터 차례로 기입하여 나간다.

(2) 집단 브레인스토밍 지침서

집단 브레인스토밍 회의에서 그림 포트폴리오를 사용하여 논의와 아이디어를 자극한다.

다음은 지침서이다.

① 문제점을 적은 글을 크게 읽고, 그룹에게 말로써 해결방안을 브레인스토밍하라고 요청한다.

② 각 그룹 구성원에게 문제와 상관없는 그림들이 담긴 8~10개의 폴더를 준다.

③ 그룹 구성원에게 각 그림을 연구함으로써 이전의 아이디어에 변화를 주거나 새로운 아이디어를 적으라고 한다.

④ 전해진 시간이 흐르면 그룹 구성원에게 자신의 아이디어를 크게 읽으라고 요구한다.

⑤ 각 아이디어가 읽혀지는 동안 그룹 구성원들에게 그것을 논의하고 새로운 아이디어나 수정안을 개발하도록 한다. 모든 새로운 아이디어를 기록한다.

⑥ 수집하고 평가한다.

창의·인성 Work 6-3

집단 브레인스토밍해 보기

다양하게 보급된 키오스크에 소외된 어르신, 취약계층을 위한 개선책을 찾아봅시다. (집단에 의한 브레인스토밍해 보세요. 실제 사업 아이템이 될 수 있습니다.)

3) 개인에 의한 브레인스토밍 체험

개인으로 브레인스토밍법을 체험해 보도록 해 봅시다. 우선 5cm× 16cm 정도의 흰 종이 1매를 준비한다. 다음에 그 흰 종이를 이용하여 아래 표를 작성한다.

표 6-2 키오스크 개선에 따른 생각할 수 있는 모든 아이디어 단어

	키오스크 개선에 따른 아이디어
1	스마트폰
2	실물 기기
3	한글 사용
4	음성 인식
5	
6	
7	
8	
9	
10	
11	
12	
13	
14	
15	
16	
17	
18	
19	
20	

개인에 의한 브레인스토밍법의 방법

① 위 표는 한 줄로 표기하고 있으므로 한 줄의 단어만이 보이도록 흰 종이를 덮는다.

② 다음에 그 단어를 5초 정도 바라보면서 그 단어로부터 연상되는 「키오스크 개선 아이디어」, 단지 〈개인〉 란에 기재하고 있지 않는 아이디어를 가능한 한 많이 발산한다.

③ 발산된 아이디어는 아래 표 〈개인 유사 체험〉 란의 1번부터 차례로 기술하여 나간다.

④ 흰 종이를 아래에 내리면서 이상의 ①~③을 반복한다.

훈련 : 키오스크 개선 아이디어		
〈개인 유사 체험〉 위의 단어를 보고 발안한 아이디어를 1번부터 순서대로 쓴다.		
1.	2.	3.
4.	5.	6.
7.	8.	9.
10.	11.	12.
13.	14.	15.
16.	17.	18.
19.	20.	21.
22.	23.	24.

혼자 생각하고 있었을 때 10개에도 못 미친 아이디어가 집단 또는 개인에 의한 브레인스토밍 기법을 활용하면 하면 잇달아 발상이 비약되며 또 다른 아이디어가 샘과 같이 분출되어 오는 것을 체험할 수 있을 것이다. 예를 들면 「비행기」라고 하는 사람의 아이디어를 듣고 하늘을 나는 것=「로켓, 대포의 총알, 풍선」 등 복수의 아이디어가 분출하게 되고 타인의 아이디어를 들으면서 자신의 아이디어를 창안할 수 있다는 것을 이해할 수 있다.

02 브레인스토밍의 변형

1) 브레인라이팅(Brainwriting) 기법

(1) 브레인라이팅이란?

브레인라이팅은 독일의 프랑크푸르트에 있는 홀리거(Holiger)가 개발한 방법이다. 이 기법은 한 집단이 조용히 글로 자기 아이디어를 기록하여 제출하는 브레인스토밍의 일종이다. 여러 사람 앞에서 자신의 의견을 제시하는 것을 수줍어하거나 부담스러워서 자신의 아이디어를 잘 표출하지 않는 브레인스토밍의 단점을 보완한 방법으로 종이에 글로 쓰거나 그림을 그려 벽면이나 화이트보드 등에 게시하도록 하는 방법이다. 브레인라이팅은 6-3-5법이라고도 하고 '침묵의 회의법'으로 부른다. 핵심은 말을 하지 않고 회의하는 것이다. 브레인라이팅 기법은 6명의 참가자가 둥근 테이블에 빙 둘러앉는다. 주제에 대한 아이디어 3개를 다 쓰면 자기 종이를 옆 사람에게 넘기고 다른 사람이 작성한 종이를 받아 거기에 다시 5분 동안 세 가지 아이디어를 덧붙인다. 이런 식으로 30분간 진행한다. 5분마다 다른 사람의 용지를 받게 되므로 30분이면 한 사람당 18개, 6명이면 108개의 아이디어가 나온다.

다른 사람의 아이디어에서 힌트를 얻어 발전시킨다는 점에서 효과적이며, 영향력이 강한 한두 사람에 의해 전체 의견이 좌지우지되는 것을 방지할 수 있다. 특히 이것은 나서서 말하기를 꺼리는 사람들에게 효과적인 방법이며, 회의 시간을 짜임새 있게 사용할 수 있다는 점에서 효율적이다(홍길회, 2018 재인용).

이러한 기술은 글쓰기 자체가 아이디어를 생산하는 데 방해가 되지 않을 만큼 충분히 나이가 들고, 충분한 기술을 가지고 있는 경우에만 적당하다.

(2) 브레인라이팅의 장점

브레인라이팅법은 논의가 흥분되어 회의 전체가 고조되는 효과를 겨냥한 것은 아니다. 개인의 사고를 충분히 이끌어내기 위해 각자가 두뇌를 움직여, 아이디어의 생산에 노력하는 것이 이 기법의 본래 자세이다.

참가자가 주제에 열중하는 진지함에서는 브레인스토밍을 뛰어넘는다. 위와 같은 특징 때문에 브레인라이팅법은 지위가 높은 사람 앞에서 발언하는 것이 힘든 사람, 목소리가 큰 사람에게 주도권을 빼앗겨 버리는 경향이 있는 사람에게는 가장 적당한 방법이라고 할 수 있다. 지위와 성격 차이에 상관없이 모든 사람이 평등하게 발상할 수 있고, 또 서로의 아이디어에 자극을 줄 수 있다.

또한 첫 대면하는 동료와 팀 만들기를 하고, 서로 모르는 사람끼리 갑자기 발상 회의를 시작할 때 브레인라이팅법이 효과적이라고 할 수 있다. 브레인라이팅법은 기업의 사내 여행 기획에서부터 신상품 개발과 네이밍의 아이디어 회의, 판매 전략의 입안 등을 할 때 사용하는 경우가 많다.

(3) 브레인라이팅의 특징

브레인라이팅법의 가장 큰 특징은 전원이 무언으로 발상 작업을 한다는 것이다. '침묵의 브레인스토밍'이라는 별명이 붙은 것처럼, 참가자의 구두 발상은 하지 않고, 한 사람 한 사람이 브레인라이팅 용지에 써넣고, 용지를 옆 사람에게 건네주며 차례대로 기입하면서 집단 발상을 해 나가는 것이 특징이다.

① 모든 사람이 평등하게 사고한다는 점에서 브레인스토밍의 '발언자가 특정인으로 치우치는 경향을 배제'한다.

② 침묵을 통한 개인 발상을 한다는 점에서 브레인스토밍의 '발언을 통해 사고가 방해되는 단점'을 없앤다.

③ 용지에 본인이 직접 기입하기 때문에, 사회자 발언을 대신 기입하는 브레인스토밍에서의 '뉘앙스가 바뀌는 문제점을 해소'한다

④ 집단 인원이 몇 명이라도 가능하다. 브레인라이팅법은 많은 인원이 참가할 수 있고, 게다가 짧은 시간에 문제 발견 회의와 아이디어 회의를 실행할 수 있다.

표 6-3 브레인라이팅 유형

유형	방법
종이 돌리기	원형으로 둘러앉아 자신의 아이디어를 적은 종이를 옆 사람에게 넘기면, 종이를 받은 사람은 이를 읽은 후 자신의 아이디어를 적어서 다시 다음 사람에게 돌린다.
걸어 다니기	벽에 큰 종이를 여기저기 붙여 놓은 후 참가자들이 걸어 다니면서 종이마다 주제에 적합한 아이디어를 적는다.
멈췄다 시작하기	집단적으로 브레인스토밍을 한 후 개별적으로 종이에 아이디어를 적은 다음 발표하기를 반복한다.

(4) 브레인라이팅 기법의 전개

① 처음 5분간, 참가자는 각자 세 가지 아이디어를 용지의 가로 첫 번째 줄에 나열된 A, B, C 칸에 써넣는다.

② 5분 후, 용지를 왼쪽 옆 사람에게 건넨다.

③ 각자 5분간 세 가지의 아이디어를 오른쪽 사람이 건네준 용지의 두 번째 줄에 기입한다.

④ 각자 앞의 사람이 기입한 첫 번째 줄의 아이디어를 보면서, 이것을 발전시킨 것과, 완전히 새로운 아이디어를 두 번째 줄에 써넣는다.

⑤ 또 5분이 경과하면 용지를 돌리고, 세 번째 줄에 아이디어를 기입한다.

⑥ 이하, 마지막 줄까지 같은 작업을 반복한다.

⑦ 전원이 아이디어 평가를 실행한다. 모든 라운드가 종료되면, 진행

자는 각자 자기 곁에 남아 있던 용지의 아이디어를 참가자에게 평가하게 하고, 좋다고 생각되는 아이디어를 2~3개 선택하고 표시를 해 둔다. 이것을 기본으로 모든 참가자들이 서로 이야기를 주고받으며 더욱더 발전시키면 효과적이다.

(5) 개인으로 실행할 경우

브레인라이팅 기법은 4명 이상의 인원으로 이루어지는 것이 일반적이지만, 개인으로 활용하는 것도 가능하다. 구체적인 방법은 아래와 같다.

① 브레인라이팅 용지와 타이머를 준비한다.
② 처음 5분간, 첫 번째 줄의 A, B, C 칸에 아이디어를 기입한다.
③ 5분이 되었다면, 두 번째 줄에 기입한다. 첫 번째 줄의 아이디어를 확장, 발전시킨 것을 생각하여 기입한다.
④ 이것을 반복하며 생각을 깊게 해간다.

표 6-4 브레인라이팅 용지의 예

주제 :			
구분	A	B	C
1			
2			
3			
4			
5			
6			

(6) 브레인라이팅 게시 기법

브레인라이팅을 응용한 게시 기법은 아이디어 생성의 흐름을 촉진시키고, 서로 힌트를 얻어 새로운 아이디어를 만들 가능성이 커진다. 또한 수렴적 사고를 할 때 나 아이디어를 분류하거나 평가하기 쉬운 장점이 있다.

① 충분한 수의 게시용 용지를 준비한다.
② 한 개의 용지에는 반드시 한 개의 아이디어만 적는다.
③ 다른 사람들이 모두 알아들을 수 있도록 큰 소리로 읽고, 게시판에 붙인다.

표 6-5 브레인라이팅 예시

문제 : 신문지를 다른 용도로 쓸 수 있는 방법은?			
아이디어 / 참가자	아이디어 A	아이디어 B	아이디어 C
1	협박편지	모자	돗자리
2	유리창 닦기	탈 만들기	퍼즐
3	모자이크	생선 구울 때 기름 튀는 것 방지	베개
4	옷	휴지 대용	회초리
5	한글 공부	이불	방석
6	연필꽂이	쥐구멍 막기	강아지 변기
7	우산	식탁보	종이 신발
8	가면	축구공	방석
9	종이접기	냄비 받침	딱지
10	글자 오려서 편지	숫자 공부	태워서 분장용
11	'지구는 만원이다' 게임	종이비행기	돌돌 말아서 물건 자르기
12	자동차용 햇빛 가리개	종이공예	글러브
13	모서리 보호용 싸개	잘게 잘라서 솜 대신	장마철 흡습제
14	종이 벽돌 블록	땔감	화약총 같은 소리내기

(7) 브레인라이팅의 진행 방법

① 주제는 자유지만 구체적이고 명확하게 선정한다.

② 구성원은 최소한 6명으로 한다.

③ 5분마다 3개의 아이디어를 기입한다.

표 6-6 BW법 용지

주제 :			
구분	A	B	C
1			
2			
3			
4			
5			
6			

- 각 구성원에게 아래의 BW 용지를 나누어 주고, 먼저 최초 5분간은 1의 열에 A, B, C 3개 칸에 아이디어를 기재한다.
- 5분이 지나면 좌측 사람에게 종이를 건네준다. 종이를 받은 사람은 2의 A, B, C에 1칸의 아이디어보다 진보되거나 독창적인 아이디어를 기재한다.
- 5분이 지나면 다음 좌측으로 종이를 이동시키고 3의 A, B, C에 2칸의 아이디어보다 발전되거나 독창적인 아이디어를 기재한다.

④ 책상 주위에 앉는다. 옆 사람에게 종이를 건넬 수 있도록 책상 주위에 앉는다.

⑤ 30분이 1라운드가 된다. 시간은 30분이 소요되고(5분 × 6명 = 30분) 아이디어의 수는 세 가지×6명=18가지 도출된다. 30분마다 18개의 아이디어가 도출된다.

⑥ 최종적으로 평가 후 정리한다.

모든 세션이 끝나면 각자 기재한 내용을 평가하고 그중에서 좋은 아이디어를 각자 3개 정도를 제출한다.

2) 역브레인스토밍(Reverse Brainstorming) 기법

(1) 역브레인스토밍이란?

역브레인스토밍(Reverse Brainstorming)은 브레인스토밍의 변환이라고 할 수 있다. 아이디어가 갖는 약점을 모두 찾아내고, 그 아이디어를 실행할 때 나타날 수 있는 오류를 예측해 봄으로써 최선의 해결책을 구하는 기법이다. 브레인스토밍과의 차이점 중 하나는 이미 산출해 놓은 아이디어를 비판함으로써 해결책을 찾는다는 점이고, 또 하나는 브레인스토밍 기법은 현실성이 떨어져도 아이디어를 많이 산출하고자 하지만, 역브레인스토밍은 위협 요소를 미리 파악하고 현실적인 해결방법을 모색한다는 점이다(홍길회, 2018 재인용).

(2) 역브레인스토밍의 절차

① 문제 정의하기: 문제를 명확히 정의한다.

② 역질문하기: 역효과를 낼 수 있는 방법은? 어떻게 하면 망칠 수 있는가? 최악의 아이디어는? 등과 같은 역질문을 통해 문제해결을 방해한다.

③ 최악의 아이디어 브레인스토밍하기: 브레인스토밍처럼 가능한 아이디어를 많이 낸다.

④ 아이디어 뒤집기: 산출한 아이디어를 뒤집어 원래 해결하려던 문제에 맞도록 한다. 가능성 있고 현실적인 해결책을 선택한다.

창의·인성 Work 6-4

역브레인스토밍 해보기 – 출산율을 높이는 방안

최악의 아이디어는 ( ) 안에, 아이디어 뒤집기는 ______ 위에	
① 문제 정의하기	"어떻게 하면 출산율을 높일까?"
⬇	
② 역질문 만들기	"어떻게 하면 출산율을 떨어뜨릴까?"
⬇	
③ 최악의 아이디어 브레인스토밍	④ 아이디어 뒤집기
예 육아용품 가격 인상 예 유치원 수업료 인상 ( ) ( )	*육아용품 가격 인상 → 유아 관련 상품은 면세 처리 *유치원 수업료 인상 → 유치원 수업료 동결 → 국가의 무상보육 지원 증액 * ______ → * ______ → * ______ ______ → ______ → ______

03 브레인스토밍의 평가

1) 육색 모자 기법

브레인스토밍으로 산출된 아이디어를 평가하는 방법 중 대표적인 방법으로 개인이나 집단 모두 이 기법으로 모든 유형의 아이디어를 빠르게 평가할 수 있다. 또한 단순한 논쟁으로 치우치지 않고 생산적인 토론으로 이끌어갈 수 있다.

파란 · 노란 · 빨간 · 검은 · 하얀 · 녹색 등 여섯 가지의 서로 다른 사고 유형이나 아이디어를 평가하는 것이다. 모자의 색깔이 의미하는 관점에서 생각해 보고 이를 통해 갈등 상황을 건설적으로 바라보고 해결할 수 있는 관점을 갖고 사고 능력을 향상시키는 것, 즉 여섯 가지 색깔의 모자를 바꾸어 쓰면서 자신이 쓴 모자의 색깔에 관련된 사고만 해보는 것으로 에드워드 드 보노(Edward de bono)가 개발한 기법이다.

번갈아 가며 다른 생각의 모자를 써서 좀 더 생각이 깊은 사고를 할 수 있다. 동시에 같은 모자를 쓸 수 있고, 지혜로운 결정을 하기 위해서는 한 가지 모자만 사용해서는 안 되고 다양한 색깔의 모자를 써 보는 것이 좋다. 또한 이런 유형의 사고도 의무적으로 해야 하기 때문에 다양한 사고의 경험을 하고, 이런 경험을 통해 다른 사람의 다양한 사고의 가치를 인정하는 경험을 하게 된다(홍길회, 2018 재인용).

TIP 여섯 가지 색깔의 의미

- 흰색 모자 <정보, 사실>
- 빨간 모자 <감정과 느낌>
- 검은 모자 <부정적인 요인>
- 노란 모자 <긍정적인 요인>
- 녹색 모자 <아이디어 생산>
- 파란 모자 <사고의 관리, 정리>

색깔	상징	사고유형	내용
백색 모자	순수함	중립적, 객관적 → 사실적 사고	• 사실 • 수치 • 정보
적색 모자	피, 정열, 분노, 사랑	감정적, 직관적 → 감정적 사고 → 직관적 사고	• 감정 • 느낌 • 직관 • 육감
황색 모자	햇빛, 밝음	낙관적, 긍정적 → 논리적 긍정	• 좋은 점 • 긍정적 판단 • 실행 가능한 이유
흑색 모자	어두움, 암울, 진지	비관적, 비판적 → 논리적 부정	• 나쁜 점 • 부정적인 판단 • 실행 불가능한 이유
녹색 모자	풀, 채소, 풍요로움	생산적, 창조적 → 창조적 사고	• 새로운 생각 • 재미있는 생각
청색 모자	차가움, 냉정함	이성적 → 사고에 대한 사고	• 생각하는 순서를 조직 • 다른 모자들의 사용을 통제 · 조절 • 종합적인 생각

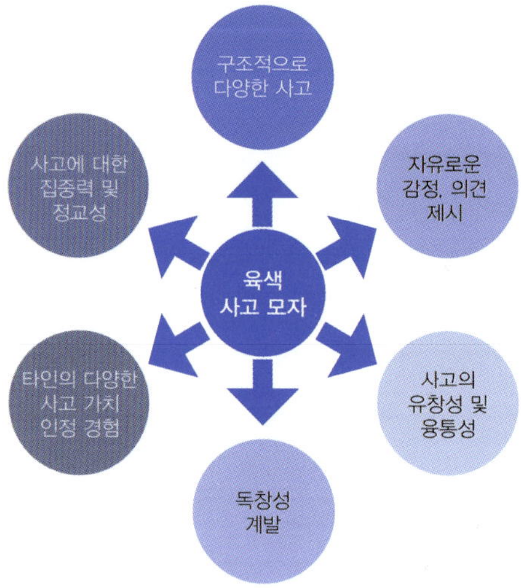

그림 6-1 육색모자 기법의 목적과 효과

창의·인성 Work 6-5

주제를 정해 육색 모자 기법으로 평가해봅시다.

예) 건강한 식습관, 바람직한 여가 활동··· 등

창의·인성 Work 6-6

전래동화 내용에 대해 육색 모자 관점에서 분석해 보자.

예) 심청전의 경우 심청이는 효녀인가?

2) PMI 기법

PMI 기법(Plus, Minus, Interest)은 제안된 아이디어를 장점(Plus), 단점(Minus), 흥미로운 점(Interest)을 따져보면서 그 아이디어를 평가하는 간단하면서 효과적인 기법이다. 역시 브레인스토밍으로 산출된 아이디어를 평가하는 방법으로 널리 사용되고 있을 뿐 아니라 창의적 문제해결 방법으로 독자적으로 사용되기도 한다.

PMI 기법은 아이디어를 산출할 때 감정적인 판단을 배제해야 한다는 점, P, M, I를 철저하게 분리하여 생각해야 한다는 점, 이러한 과정에서 의도성을 강조하는 점, 그리고 2~3분 정도의 짧은 시간 내 이루어진다는 점이 특징이다.

먼저 의도적으로 아이디어의 장점이나 좋아하는 이유(P)에 집중한 다음, 단점이나 싫어하는 이유(M)를, 마지막으로 흥미로운 점(I)에 주목하여 생각한다.

표 6-7 PMI의 구성 요인

구성	내용
P(Plus)	장점, 좋은 점, 왜 그것을 좋아하는가?
M(Minus)	단점, 나쁜 점, 왜 그것을 좋아하지 않는가?
I(Interest)	독특한 점, 새로운 대안, 좋지도 나쁘지도 않지만 흥미롭다고 생각되는 점

창의·인성 Work 6-7

무인자동차 시대가 오고 있다. PMI 기법으로 분석해봅시다.

구성	내용
P(Plus)	
M(Minus)	
I(Interest)	

창의·인성 Work 6-8

반려견을 키우자는 의견에 대해 PMI 기법으로 생각해봅시다.

구성	내용
P(Plus)	
M(Minus)	
I(Interest)	

04 강제결합법

1) 강제결합법(Forced Relationship)이란?

강제결합법은 서로 관련이 없어 보이는 어떤 사물이나 아이디어를 강제로 연결시켜 봄으로써 새로운 아이디어를 생성하는 기법이다. 발명품이나 신조어들은 강제결합법으로 만들어진 것이 많다. 예를 들면 롤러스케이트, 짜파게티는 짜장면+ 라면, 팝페라는 팝송+오페라 등이 있다.

강제결합법은 어떤 사물이나 아이디어를 색다르게 생각해 보는 능력을 개발하도록 돕는 연합사고 활동이라고 할 수 있다. 즉, 겉으로 보기에는 전혀 관계가 없어 보이는 두 가지 아이디어나 사물을 억지로 결합시키는 활동을 통해 창의적인 사고력을 신장시키는 데 그 의의가 있다(홍길회, 2018 재인용).

2) 종류 및 진행 방법

(1) 목록표 작성법

첫째, 문제를 제시하고 목록을 만든다. 먼저 아동에게 문제를 제시한 후 여러 가지 사물이 목록화된 표를 나눠 준다. 이 표는 교사가 미리 준비해 온 것일 수도 있고, 교사와 아동이 함께 만든 것일 수도 있다. 이러한 목록은 제시된 문제와 아무런 관계가 없는 것이 좋다. 아동이 관계있는 사물을 고르는 경향을 줄이기 위해서 문제를 소개하기 전에, 먼저 목록이 준비될 수도 있다. 그러므로 첫째 단계는 목록을 만들고 문제를 제시하는 과정이 되기도 한다.

둘째, 제시된 목록을 문제와 연결시킨다. 아동은 표에 제시된 사물을 차례로 문제와 연결시켜 본다. 이때 사물들끼리 연결 지을 필요는 없다. 자유연상법을 사용하여 처음 떠오르는 생각에 의해 관계를 지으면 된다. 아이디어를 결합하는 과정에서는 평가는 하지 않도록 한다.

셋째, 아이디어를 평가한다. 관계 지은 아이디어를 모두 기록한 다음에 아동은 그것을 보고 수정 가능한지, 혹은 그 아이디어를 발전시킬 수 있는지, 또는 실행에 옮길 수 있을 것인지 평가해 본다. 이때 평가는 + 또는 - 표시로 기록할 수 있다.

창의·인성 Work 6-9

목록표 작성법의 예를 해결해봅시다.

문제	목록표	
수업에 늦지 않으려면?	양궁	신문
	고무줄	피아노
	지갑	AI

목록	연결 내용	평가
양궁		
고무줄		
지갑		
신문		
피아노		
AI		

(2) 카탈로그 기법

첫째, 문제의 진술이 이루어져야 한다.

둘째, 문제해결책과 연결시켜 생각해 볼 사물을 무작위로 카탈로그로부터 뽑아 관계를 구성해 본다. 이때 카탈로그의 페이지를 무작위로 펼쳐보고 어떤 사물이든 임의로 뽑아 쓸 수 있다. 그리고 이 사물은 문제의 진술에 맞춰서 관계를 볼 수 있는 것이다.

셋째, 표로 작성했던 앞 방법과 같이 평가, 발달, 실행의 단계를 거친다.

창의·인성 Work 6-10

카탈로그 기법을 연습해 봅시다.
(사물을 무작위로 카탈로그에서 뽑는다.)

예) 이웃과 잘 지내려면?

(3) 임의의 강제결합법

임의의 강제결합법에서는 문제의 진술이 필요하지 않다. 단지 필요한 것은 무작위로 선택된 단어들이나 사물들, 혹은 아이디어들이다. 이 중에서 무작위로 두 개를 뽑아 억지로 연결시켜 생각해 보는 것이다. 이렇게 형성된 아이디어들을 그 이후에 발전시켜 볼 수 있다.

첫째, 활동을 실시하기 위해 우선 바구니 또는 상자를 준비하여 여기에 사물의 이름을 적은 쪽지를 넣어 둔다.

둘째, 이 중에서 두 개를 뽑아 읽고 그것들을 함께 연결시켜 독창적인 아이디어를 만들어 본다.

창의·인성 Work 6-11

임의의 강제결합법을 게임으로 활용해 봅시다.

3) 유의점 및 활용법

강제결합법을 사용할 때는 반드시 '브레인스토밍'의 네 가지 규칙을 상기하여 아무리 이상한 아이디어라도 받아들이도록 하고, 비난하는 것을 삼가도록 한다.

펠드후센과 트레핑거(Feldhusen & Treffinger, 1986)은 강제결합법을 사용할 때 도움이 되는 몇 가지 사항을 제시하였는데, 다음과 같다.

① 사전에 아동이 흥미롭게 생각하는 문제들을 준비해두고, 카탈로그를 제공하여 단어나 사물을 뽑을 수 있도록 한다.

② 한쪽에 아이디어 박스를 설치하고(어항이나 플라스틱 바구니 또는 상자) 벽이나 게시판에 아동의 아이디어를 붙여준다.

③ 아동에게 문제와 관련시켜 생각해 볼 수 있는 단어들을 목록으로 만들어 제공한다.

④ 아동이 어떤 특별한 문제에 대하여 브레인스토밍을 할 때 그들의 아이디어와 현존하는 문제 사이에서 연관성을 찾아보도록 한다.

TIP 강제결합법의 효율적 사용

① 동기유발을 위하여 아동이 직접 카드를 만들어서 활용하도록 격려한다.

② 주제 관련 학습에 사용할 수 있다. 새 교과 주제나 단원 도입 시에 도입 부분이나 중간에 강제결합법을 활용하여 교과에 대한 흥미와 관심을 유발한다.

③ 집단을 나누어 서로 경쟁을 유도하는 게임식으로 진행한다. 결합된 아이디어를 적절하게 평가한다.

창의·인성 Work 6-12

전래동화를 나란히 강제 결합하여 새로운 이야기를 만들어 보세요.

예) 심청전, 별주부전, 선녀와 나무꾼 등

창의·인성 Work 6-13

영화 3편을 주인공, 사건, 장소 등에 따라 강제결합해 보세요.

05 시네틱스 기법(Synectics Method)

시네틱스의 어원은 서로 관련이 없는 '요소들 간의 결합'을 의미하는 희랍어의 'synecticos'에 두고 있다. 이 개념이 고든의 연구 노력에 의해 창의적인 문제해결을 위한 기법으로 발전하였다. 시네틱스(synectics: 창조공학)는 고든(gordon)에 따르면 '다르고 명백하게 무관한 요소들을 모아서 맞춘다.'는 신조어다. 시네틱스 기법은 기초적으로 사고를 촉진시킬 수 있는 기법이다. '서로 관련이 없는 요소들 간의 결합'의 의미로 상상력을 동원해 특이하고 실질적인 문제의 전략을 이끌어내는 데 유용하게 사용된다.

시네틱스 기법에는 주어진 문제를 분석할 때 유추를 통해 친숙한 것을 낯선 것으로 전환하거나 낯선 것을 친숙하게 전환해 보도록 하는 과정으로 이질순화(異質順化)와 순질이화(順質異化)의 두 가지 사고유형이 있다. 2개 이상의 관련 없어 보이는 요소를 결합하거나 합성한다는 의미로 문제의 관점을 다르게 하여 연상되는 점을 찾아내는 사고유형이다.

시네틱스 기법에서 중심적으로 사용하고 있는 기법으로는 네 가지가 있다. 의인적 유추, 상징적 유추, 직접적 유추, 공상적 유추 등이 있다.

TIP 시네틱스 사례

프링글스 포테이토 칩 브랜드명 프링글스(Pringles)는 켈로그에서 생산하는 감자 스낵 제품이다. 브랜드명은 오하이오주 신시내티의 피니타운(Finneytown)에 있는 도로 이름 프링글 드라이브(Pringle Drive)에서 따온 것이다. 브랜드 팀이 포테이토칩(potato chip)의 첫 글자 P로 시작하는 이름을 찾던 중에 프링글 드라이브 근방에 사는 직원의 아이디어로 채택하게 되었다. 프링글스 로고는 큰 콧수염, 앞가르마, 나비넥타이를 맨 남자의 얼굴로 줄리어스 프링글스(Julius Pringles)란 이름을 가지고 있다.

1) 이질순화(異質順化)와 순이질화(順異質化) 사고

이질순화(異質順化)는 인간이 익숙하지 못한 사상이나 일을 강제적으로 익숙한 것으로 전환시키는 것으로 문제를 새로운 견지에서 봄으로써 새로운 관점에 의한 해결안이 도출되는 것이다. 즉, 자기가 처음 보고 들은 것을 자기에게 아주 익숙한 다른 것에 사용할 수 없는가에 착안을 둔 것이다. 예를 들어 보면 처음 보는 'C' 모양을 우리에게 친숙한 '귀'로 생각한다.

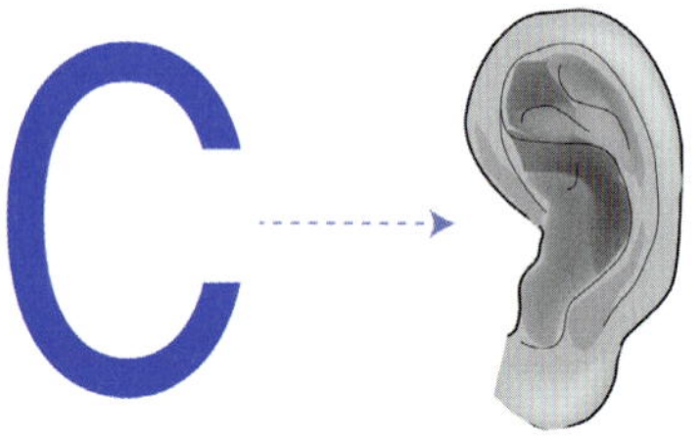

순이질화(順異質化)는 습관화된 사상이나 일을 습관화되지 않은 새로운 것으로 봄으로써 이전부터 있었던 세계, 인간, 개념, 감정, 사물 등의 의식적으로 새로운 각도에서 보려는 것이다. 이미 잘 알고 있는 것을 새롭게 봄으로써 이질적인 관점을 찾아낼 수 없을까에 착안을 둔 것이다. 예를 들어 친숙한 '타원 안의 동그라미가 있는 그림'을 '눈'이 아닌 낯선 것, 즉 보트에 사람이 등을 구부리고 있는 것을 위에서 본 모습으로 미루어 생각하는 것이다.

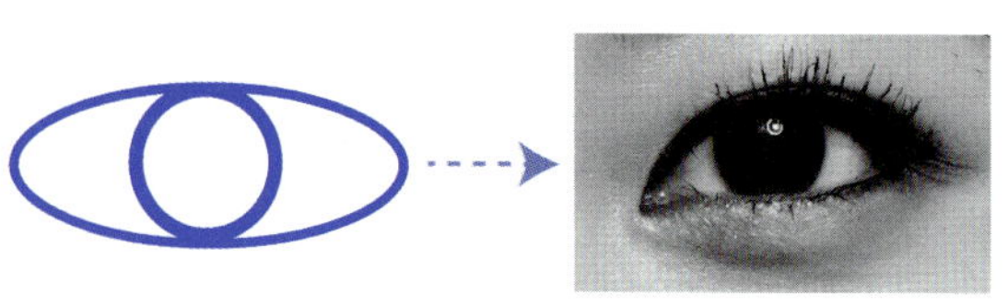

2) 시네틱스법의 진행 절차

첫째, 문제를 제시한다. 범위를 좁힌 주제를 명확히 제시한다.

둘째, 전문가에 의한 분석과 해설을 실시한다. 전문가가 현재 상태에 대해 분석하고 이를 설명한다.

셋째, 해결 사안을 발상한다. 브레인스토밍 방법을 적용하여 구성원이 생각나는 대로 아이디어를 제시한다.

넷째, 해결 목표를 설정한다. 해결해야 할 방향이나 목표를 간결하게 정리한다.

다섯째, 비교 발상에 대해 요구한다. 현실에서 유사한 것, 닮은 것이 없는지 질문하여 본다.

여섯째, 비교 발상(직접적, 의인적, 상징적)을 실시한다. 리더는 계속해서 비교 발상을 주문한다.

- 직접적 발상: 현실에 있는 주제와 닮은 것을 찾는다.
- 의인적 발상: 구성원이 주제역할을 하고 다른 구성원이 이야기를 걸어 서로 다른 관점을 찾아내는 방법이다.
- 상징적 발상: 키워드나 공상을 사용하여 생각한다. 이 방법은 문제의 핵심을 고도로 추상화하고 이를 표현하여 힌트를 찾는다.

일곱째, 비교 항목을 선택한다. 많은 발상된 비교 항목을 검토하여 문제해결에 많은 관계가 있는 내용을 선택한다.

여덟째, 비교 항목을 검토한다.

아홉째, 강제적으로 결합한다.

열째, 해결 방안을 작성한다.

3) 시네틱스 기법과 유추 방법

시네틱스 기법은 유추를 통해 새로운 이해를 키우고 창의적 문제해결력을 키우는 데 목적이 있다. 의인적 유추, 상징적 유추, 직접적 유추, 공상적 유추 등 네 가지 방법이 있다.

(1) 의인적 유추(Personal Analogy)

주어진 문제의 요소를 인격화하거나 의인화하여 생각하는 의인적 유추다. 의인적 유추는 순이질화의 맥락이다. '개인적 유추'라고도 한다. 자신이 주어진 문제의 일부라고 생각하고 자신이 스스로 해결해야 할 대상이 되었다고 상상하면서 의인화하여 새로운 아이디어를 유추하는 방법이다. 즉, 문제의 대상이 되고 있는 것에 완전히 일치해 버리는 발상이다. 예를 들어 "선이 있는 전화기는 움직이면서 전화 받기가 불편하다."라는 문제를 해결할 경우 자신이 직접 '전화기'가 되었다고 상상하면서 아이디어를 생각해 내는 것이다. 자신이 직접 나무가 되어 나무가 겪는 어려움 생각해 보기, 카메라의 개량에 관한 것이 테마라면 참가자들이 카메라의 입장에 서서(카메라의 의인화) 지금까지 미처 생각지 못한 아이디어들을 유추해내는 것이다. 어느 연필회사는 연필깎이를 만들 때 자신이 완전히 연필이 되어 깎이는 처지로 바뀌어 과연 연필깎이란 어떠해야 하는지에 대한 아이디어를 내게 하여 성공한 사례도 의인적 유추다.

(2) 상징적 유추(Symbolic Analogy)

주어진 문제의 요소와 유사한 사상이나 지시, 기술 등으로부터 직접 조사해 보고, 말이나 그림 또는 그 이외의 이미지를 써서 어떻게 상징되는가를 검토하는 것이 상징적 유추이다. 어떤 대상의 추상적인 원리나 특성이 되는 상징을 유추하는 방법이다. 두 개의 서로 모순되거나

반대되는 상징을 하나의 의미로 형성하게 함으로써 새로운 의미를 만들어 내는 방법이다.

'대지는 어머니다'라는 말은 상징적인 유추에 속한다. 언어나 사인 속에 숨겨진 의미를 중시하고 이와 같은 심벌상의 비슷한 것으로부터 토론을 해 나가려는 것이다. 토론자의 말, 한 구절 가운데에서 예측 못한 아이디어 힌트를 찾아내어 보려는 방법이다. 지금까지 아무렇지 않게 쓰이던 언어나 사인이 새로운 아이디어로 전개될 수 있기 때문에 그룹 참가자들에게 나오는 말 하나하나를 잘 생각하고 민감하게 대처해야 한다.

사람의 특성 중에서 자신의 노력으로 문제를 극복하지 않고 다른 사람이 갖고 있는 능력에 의존해 해결하려는 현상을 '신데렐라'라는 동화 속의 인물 성격의 상징을 통해 '신데렐라 콤플렉스'라는 새로운 의미의 타인 의존 증후군을 유추하여 만들어내는 것이다. '파랑새 증후군'이라는 말은 동화 '파랑새'로부터 나온 발상이다. 치르치르와 미치르가 파랑새를 찾아 헤매는 모습에 비유하여, 좀 더 자신에게 맞는 일이 있을 것이라고 생각하여 정착 못 하고 떠돌아다니는 젊은이들을 표현한 말이다. '백설 공주 콤플렉스', '피터 팬 신드롬' 등도 있다.

(3) 직접적 유추(Direct Analogy)

직접적 유추는 이질순화의 맥락으로 실제로는 닮지 않은 두 개의 이념을 객관적으로 비교하는 유추 방법이다. 즉, 주어진 문제를 전혀 다른 사물이나 현상에 객관적으로 직접 비교하는 방법이다. 우리 주위에 있는 사상과 사물을 과제와 연결시키는 것이다. 즉, 동물, 식물, 자연현상 등 우리 주위에서 흔히 볼 수 있는 것들을 경험을 통해 몇 번 행했던 형태나 상징·기능 등의 관점에서 유사한 것이 없었나를 찾아내어 힌트를 얻어 발상을 전개하는 방법이다.

옷에 달라붙는 엉겅퀴 열매로 매직테이프의 아이디어가 나온 것, '전화기'를 만들 때 사람의 '귀'와 입을 비교한 것에서 찾을 수 있다. 오늘

날 전화기는 송수화기가 붙어 있지만 과거의 전화기는 사람의 입과 귀가 서로 떨어져 있듯이 송화기와 수화기가 따로 떨어져 있었다. 또한 우산을 통하여 낙하산의 원리를 알아내는 것이 직접적 유추 대표적 사례라 할 수 있다.

창의·인성 Work 6-14

다양한 사례에 자신의 의견이나 비슷한 예를 찾아보세요.

약의 튜브 뚜껑을 사용할 때마다 여는 것이 귀찮아 뚜껑이 없는 치약을 만들 수 없는가라는 아이디어를 생각하게 되었다. 그러나 아무도 좋은 아이디어를 떠올리지 못했다. 그러던 중 어느 미국인이 우연히 말이 똥을 누고 있는 광경을 보게 되었다. 말은 엉덩이의 주위가 더러워지지 않게 깨끗이 탈분하고 있었다. 이 현상에서 힌트를 얻어 말 엉덩이의 근육상태를 본떠서 밸브를 3개 사용해 튜브를 누르면 치약이 잘 나오고 누른 손을 늦추면 밸브가 닫히며 튜브의 입구 주위에는 치약이 묻지 않는 치약을 발명하여 크게 히트한 상품이 있다.

창의·인성 Work 6-15

다양한 사례에 자신의 의견이나 비슷한 예를 찾아보세요.

새 호스를 만들려고 하는데 먼저 자기 자신이 완전히 호스가 되어 고압 액체가 몸 안에 들어왔다고 암시를 걸었다. 그랬더니 한사람이 엉겁결에 아야! 하고 두 손을 포개 배를 눌렀다. 이것이 힌트가 되어 호스 바깥쪽에 X형의 선을 붙인 강력 호스를 개발하여 히트시킨 사례가 있다.

(4) 공상적 유추(Fantasy Analogy)

환상적이고 비현실적인 내용까지 모두 포함하여 우선 문제에 대한 희망 사항을 작성하고 그에 대한 방법을 작성하는 방식이다. 이 기법은 다른 기법과 혼용하여 추진될 수 있으므로 발상의 원칙을 나름대로 욕구에 맞추어 수립하고 접근하면 더욱더 효과가 있다.

TIP 공상적 유추

문제를 해결하기 위해 현실적인 면보다는 환상적인 면을 상상하도록 하여 유추한다.

예를 들면 '선이 있는 전화기는 움직이면서 전화 받기가 불편하다.'라는 문제를 해결할 경우 '전화기를 들고 다니면서 전화를 걸거나 받을 수 있다면' 하는 상상에서 '휴대폰'이라는 상품을 만들어 낼 수 있다. 예를 들어 보면 나는 양탄자, 손오공이 하늘을 날아다님을 유추해 볼 수 있다.

TIP '환경오염'에 대한 다양한 유추

'환경오염'에 대한 문제를 해결 단계에서 아래와 같은 다양한 유추 활동을 할 수 있다.

- 첫째, 직접 유추로 오염된 지구를 병이 든 몸과 직접 비교해 본다면 "우리가 병들었을 때 치료를 하기 위해 어떻게 하는가?"를 생각해 보게 함으로써 오염된 지구의 환경문제해결 방법을 알아볼 수 있다.
- 둘째, 의인적 유추로 나 자신이 더러운 '쓰레기' 또는 더러운 '물'이나 '공기'가 되었다고 가정하고 어떻게 하면 깨끗해질 수 있는지를 유추해 볼 수 있다.
- 셋째, 상징적 유추로 지구상의 '온실 효과'에 대한 대책을 비닐을 씌워 놓은 '온실'이라는 공간에 비유해 해결해 볼 수 있다.
- 넷째, 환상적 유추로 '공기의 오염'을 마치 지구 주위를 여러 가지 알 수 없는 '외계인'들이 떠돌고 있는 상황으로 상상하여 해결해 볼 수 있다.

창의·인성 Work 6-16

4가지 유추의 정교화를 통해 실제 생활에서 불편했던 점을 찾아 해결책을 찾아보세요.

4) 시네틱스 기법 적용

첫째, 집단과 사회자를 정하는 데 있어서는 브레인스토밍의 집단 크기와 비슷하게 정할 수 있으며, 집단을 이끌어 나갈 사회자가 있어야 한다.

둘째, 주어진 문제의 설명을 듣고 스스로 재진술해 보면서 간단한 문제의 진술과 분석을 한다.

셋째, 탐색하기로 주어진 문제에 대해 다양한 유추(類推)를 해 보고, 사회자는 여러 유추 중에서 주어진 문제에 가장 적절한 유추를 선택한다.

넷째, 유추를 정교화하기로 선택한 유추를 더욱 자세하게 정교화해 본다.

다섯째, 정교화 유추와 주어진 문제를 결합하기 위해 유추를 통해 생성해 낸 아이디어를 주어진 문제와 결합해 관련성을 분석해 문제의 해결책을 찾아낸다.

여섯째, 실제에 적용하기로 새로운 아이디어를 실제에 적용해 보고 해결책을 모색한다.

TIP 시네틱스 진행과정

① 참가자들에게 해결해야 할 문제에 대해 제시한다. (시네틱스는 보통 5~6명의 집단에 의해 진행된다.)

② 전문가에 의해 문제의 분석과 해설을 행하게 한다.

③ 문제를 보다 근접시키기 위해 문제해결에 대한 시안(試案)이 도출되어야 한다.

④ 해결 목표가 설정된다.

⑤ 리더는 참여자로서 이 문제해결을 위한 어떤 유비(類比)를 생각해 본다.

⑥ 여러 가지로 도출된 유비 중에서 어느 유비를 사용할까를 검토한다.

⑦ 그중 적당한 것을 선택한다.

⑧ 그것을 강제적합이라는 구체적으로 사용할 수 있는 아이디어를 나누고 해결책을 수립한다.

5) 시네틱스 활용 유추 발상

(1) 이질순화(異質順化): 새로운 것을 창안하기

① 1단계(현재의 조건): 교사는 아동에게 현재의 상황 또는 아동이 파악하는 상황을 기술하게 한다.

② 2단계(직접적 유추): 아동은 직접적인 유추를 제시하고 그 중의 하나를 설정하여 더 탐색한다.

③ 3단계(의인 유추): 아동은 단계 2에서 선정한 유추를 한다.

④ 4단계(압축된 갈등): 아동은 단계 2와 3에서 기술한 것을 택하고 압축된 갈등을 몇 개 제시하고 하나를 선정한다.

⑤ 5단계(직접적 유추): 아동은 압축된 갈등에 기초하며 또 다른 직접적 유추를 하고 선정한다.

⑥ 6단계(처음 과제 재검토): 교사는 처음의 과제 또는 문제로 되돌아가서 마지막 유추를 하게 하고 모든 창의적 문제해결의 경험을 하게 한다.

(2) 순이질화(順異質化): 낯선 것을 친숙하게 하기

① 1단계(실제적인 것 투입): 교사는 새로운 주제에 관한 정보를 제시한다.

② 2단계(직접적 유추): 교사는 직접적인 유추를 제시하고 이를 아동이 설명하게 한다.

③ 3단계(의인 유추): 교사는 아동이 직접적 유추를 하게 한다.

④ 4단계(유추의 비교): 아동은 새로운 자료와 직접적인 유추들 간의 유사점을 지적하고 설명한다.

⑤ 5단계(차이점 설명): 아동은 유추가 적합하지 않음을 설명한다.

⑥ 6단계(탐색): 아동은 자기 자신의 직접적인 유추를 제시하고 유사점과 차이점을 탐색한다.

⑦ 7단계: 유추를 도출한다.

창의·인성 Work 6-17

시네틱스 유추 유형을 체크해봅시다.

사례	직접유추	의인유추	상징유추	환상유추
옷에 달라붙는 엉겅퀴 열매에서 착안해서 찍찍이로 불리는 매직테이프를 만들었다.				
기계가 고장 났을 때 기계를 고치기 위해 사람들이 기계의 부품이 되어 가상적으로 생각해 본다.				
낙타 발을 보고 사막용 타이어를 개발한다.				
하늘을 나는 양탄자				
소리 없는 아우성				
네가 만약 자동차 엔진이라면 배터리가 나갔을 때 어떤 느낌이겠는가?				
자동차 타이어, 질긴 천, 장거리 자전거 등을 광고할 때 '부드러운 강함'이라고 표현				
연필깎이를 만들 때, 자신이 완전히 연필이 되어 깎이는 처지로 감정이입을 하여 연필깎이란 어떠해야 하는지에 대한 아이디어를 내게 하여 성공했다.				
천둥 치는 침묵				
잔인한 친절				
거북이 모양을 검토하여 거북선을 만든다.				
오븐이 스스로 청소할 수 있을까?				
농부들이 가을에 열매를 거둬들이지만, 소득이 작아 가난을 얻게 되는 것을 '풍부한 가난'이라고 표현한다.				
우산을 통하여 낙하산의 원리를 알아낸다.				

출처: 한유미(2018). 창의적 논리 논술. 어가. 재구성.

06 속성 열거법

속성 열거법은 사물에 대해 상세하게 특성을 생각하여 다양한 아이디어를 이끌어내는 방법이다. 사물의 속성을 명사적, 형용사적, 동사적 관점에서 분류하여 아이디어를 도출하는 방법이다. 문제를 세분하여 나누면 아이디어가 더 잘 나온다는 생각을 기초로 하고 있다. 이 기법에서는 문제해결안이나 개선 아이디어를 찾기 위해 제품이나 서비스나 공정의 속성을 체계적으로 변화시키거나 다른 것으로 대체 할 수 있다. 즉, 공정한 제품과 서비스 개선 기회를 찾기 위한 아이디어 창출 기법이다. 이 기법은 1930년대에 미국의 네브래스카 대학의 로버트 크로포스(Robert Crawford) 교수가 제창한 기법이다(홍길회, 2018 재인용).

1) 속성 열거법 특성

첫째, 속성 열거법은 존재하는 생산품을 개조하거나 설득력 있는 연설, 광고, 이야기의 기초가 되는 실제의 또는 상상의 발명을 개발하는 데 사용될 수 있다.

둘째, 속성 열거법은 현재의 사건이나 역사적 이야기에서 중심 이슈나 구성 요소를 식별하는 데 사용할 수 있고, 하나의 성분이 변화될 때 그 결과를 예측할 수 있다.

표 6-8 속성의 성질

속성의 성질	의미	주전자 사례
명사적 속성	전체, 부분, 재료, 제조 방법	손잡이, 뚜껑, 김이 나오는 구멍, 동체, 주둥이, 바닥
형용사적 속성	성질	황색, 가벼움, 무거움, 청소하기 크다, 작다
동사적 속성	기능	물을 데운다. 물을 넣는다. 물을 보관한다.

2) 속성 열거법 진행 방법

속성 열거법의 진행 방법은 다음과 같다.

첫째, 주제를 정한다.

둘째, 속성을 브레인스토밍을 통하여 제시한다.

셋째, 속성을 명사적, 형용사적, 동사적으로 정리한다.

- 명사적 속성: 전체, 부분, 재료, 제조 방법
- 형용사적 속성: 성질, 형상과 색상의 상태
- 동사적 속성: 기능(그 자체의 작용)

넷째, 각 속성마다 아이디어를 제시한다. 즉, 각각의 속성을 발전시키는 아이디어나 추가적인 기능을 더하여 더 좋은 속성을 갖도록 한다.

다섯째, 아이디어를 정리해서 신제품을 생각한다.

속성 열거법의 진행 사례는 다음과 같다.

첫째, 스테이플러를 개선하자.

둘째, 스테이플러의 특성을 제시한다.

셋째, 세 가지 속성을 정리한다.

넷째, 각 속성마다 아이디어를 제시한다.

표 6-9 속성의 성질 사례

속성의 성질	의미	스테이플러 사례
명사적 속성	전체	스테이플러
	부분	ARM, 철심 넣기, 용수철
	재료	스테인리스, 프레스
	제조방법	프레스, 용접
형용사적 속성	성질	가볍다. 핸디 타입
동사적 속성	기능	종이를 고정한다. 벽에 부착한다.

3) 속성 열거법 활용

속성 열거법을 사용하면 같은 활동에 대한 비판적 사고와 창의적인 사고를 결합할 수 있는 좋은 기회를 얻을 수 있다. 창의 교과 과정에서 강조되고 있는 비판적 분석과 증거의 공유는 사물의 속성을 확인하는 데 사용될 수 있다.

(1) 생산물 개발 시 속성 열거법

속성 열거법을 통해 문제점이나 생산품을 따로 다룰 수 있는 핵심 속성으로 나누어 볼 수 있다. 예를 들어 새로운 캔디 바를 만들도록 위탁받은 캔디 바의 핵심 속성이 무엇인지 먼저 결정해야 한다. 그리고 나서 새로운 생산품을 만들기 위해 각각의 속성을 어떻게 변경하고 결합시켜야 하는지 고려해야 한다. 새로운 캔디 바 디자인에 있어 고려되어야 할 속성에는 모양, 코팅, 내용물, 추가물, 크기, 포장 그리고 유명한 캐릭터와 끼워 팔기 등이 포함된다(이남진 역, 2015).

진행에 있어서는 한꺼번에 계획하는 대신, 목록을 만들어 각 속성을 차례로 고려한다. 캔디 바 디자이너는 “둥글거나 동물 모양의 캔디 바는 어떤가?” 먼저 모양에 변화를 주는 것을 생각할 수 있다. **표 6-10**과 같이 목록을 이용하여 각 속성을 차례로 고려해야 한다.

표 6-10 새로운 캔디 바를 위한 속성 열거법

모양	코팅	내용물	추가물	크기	포장	끼워 팔기
직사각형	밀크 초콜릿	땅콩버터	땅콩	레귤러	싱글	스포츠
원형	화이트 초콜릿	초콜릿	캐러멜	더블버디	팩 스포츠	피규어
구형	땅콩크림	바닐라	쿠키 조각	미디	패밀리 팩	만화
삼각형	과일	민트	코코넛	다양하게	클리어패키지	영화
각기둥	코코넛	캐슈버터	건포도	패밀리	장난감의 속	TV쇼
동물	땅콩	화이트 초콜릿	대추야자		장난감 포장	뉴스
로켓	쿠키 조각	오렌지	젤리		뮤지컬	히어로 이야기
트럭	프레첼 조각	체리	설탕가루		퍼스널	피규어
도넛		그 밖의 과일	다진 캔디			슈퍼 히어로
			마시멜로			

이러한 속성 열거법의 결과물로 ‘속을 땅콩버터와 젤리 또는 오렌지로 채운 로켓 모양의 캔디 바를 토요일 오전의 만화와 함께 끼워 팔기’ 패키지를 만들 수 있을 것이다.

(2) 서비스 부문 속성 열거법

쇼핑객을 중심상가로 유혹하기 위한 광고 계획을 개발하려는 상상을 해 보자. 중심상가의 핵심 성격과 각 성격이 어떻게 소비자들을 유혹하는 데 사용될 것인지 식별해 내는 데 속성 열거법을 사용할 수 있다.

또 다른 예로 대출 코너의 혼잡을 완화하려는 학교 도서관의 관계자는 그 과정의 각 단계를 따로 살펴보아야 한다. 줄의 방향과 통로, 아동의 책에 대한 책임감, 도서관 종사자들의 위치와 책임, 책상의 물리적인 배열 등을 살펴보아야 한다. 만약 아동이 책을 높은 카운터에 올려놓기가 어렵고, 스캐너에 손이 닿지 않는 것이 지연의 원인이라고 결론이 내려진다면, 아동이 도서관에 올 때는 다른 구역을 이용할 수 있게 할 수 있다. 만약 한 사람이 대출 코너를 책임지고 있으면서 다

른 활동에 대해서 지시를 해야 한다면, 임무를 나눌 수 있다(이남진 역, 2015).

이러한 과정의 장점은 문제를 해결하려는 사람이 몇 가지 관점에서 조사할 수 있게 만든다는 것이다. 문제를 해결하려는 사람이 속성 열거법을 사용하지 않았더라면 대출 코너의 정체 현상을 전체로서만 본다면 그 문제점에 대한 다양한 원인을 알 수 없었을 것이다.

창의·인성 Work 6-18

속성 열거법을 통한 새로운 명함 만들어 보기

07 형태소 합성법

형태소 합성법은 해결해야 할 문제와 관련된 제반 요인들을 추출하고 이들 요인들 각각을 한 변으로 하는 입방체를 만든 다음, 이 입방체가 만드는 각각의 요소에 아이디어의 명칭을 강제적으로 부여함으로써 새로운 해결책을 찾는 방법이다. 해결해야 할 문제와 관련된 제반 요인들은 브레인스토밍을 통해서도 추출될 수 있고 개인적인 사고 과정을 통해서도 추출될 수 있다.

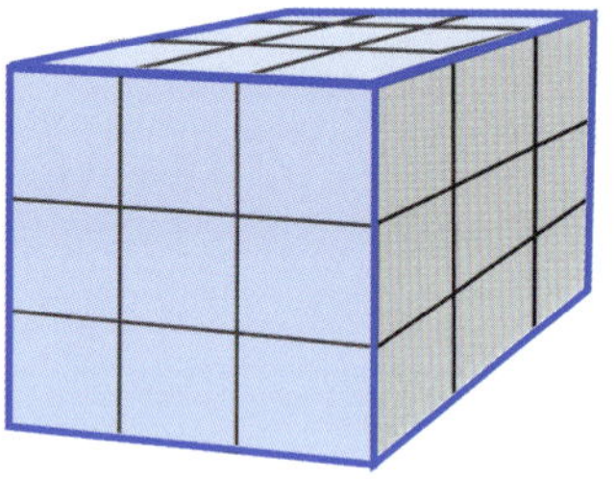

그림 6-2 입방체 사례
출처: 홍길회(2018).

좋은 연필을 만들라는 문제가 주어진 경우 먼저 연필의 속성을 추출하는 일부터 한다. 연필의 속성은 연필심, 연필대, 지우개로 추출한다. 다음에는 이들 속성들 각각을 한 변으로 하는 입방체를 만든다. 이 입방체가 갖는 각각의 요소들을 결합하면 이미 생산되고 있는 연필도 있을 것이고 없는 경우도 있을 것이다. 여기에서 아직 생산이 되고 있지 않은 연필의 경우를 하나하나 분석하여 새로운 연필의 아이디어를 얻는 것이다(임선화, 2005).

1) 형태소 합성법을 통한 동물 만들기

형태소 합성법은 각각의 칸 안에서 2개의 속성을 결합한다. 새로운 동물을 만들고 싶은 어린이들은 동물의 머리를 한 축에, 그리고 동물의 몸을 다른 한 축에 열거할 수 있다. 각각의 칸은 머리와 몸의 특별한 결합을 나타낸다.

표 6-11 형태소 합성법을 통한 동물 만들기

		동물의 몸								
동물의 머리		개구리	돼지	다람쥐	개똥지빠귀	고양이	개미	사자	고래	쥐
	젖소									
	곰									
	뱀									
	호랑이									
	코끼리									
	타조									
	악어									
	금붕어									

아동은 특별히 끌리는 조합을 선택하거나 눈을 감고 종이의 한 지점을 찍거나, 작은 물건을 종이에 떨어뜨리는 것 같은 무작위 선택을 통해 동물을 디자인할 수 있다.

2) 형태소 결합의 이점

① 형태소 합성법을 사용하는 또 하나의 이점은 그래프를 읽고 만드는 데 필요한 기술을 동시에 가르칠 수 있다.

② 수학 시간에는 X축과 Y축을 읽을 수 있다.

③ 기린의 머리와 돼지의 몸을 나타내는 사각형을 식별할 수 있다.

새로운 게임을 만들기 위해 재료와 전략을 결합하고, 새로운 카드를 고안하는데 기념일과 입체 모양을 섞고, 과학 실험을 위해 생육 배지에 씨앗을 넣는 것 등은 창의적 사고를 위한 기회를 제공한다.

창의·인성 Work 6-19

형태소 합성법을 이용하여 새로운 아이스크림과 게임을 만들어 봅시다.

표 6-12 새로운 아이스크림을 만들기 위한 형태소 합성표

		아이스크림의 맛								
토핑		요거트	치즈	건포도						
	마이쭈									
	하리보									
	빼빼로									

표 6-13 새로운 게임을 만들기 위한 형태소 합성표

		게임 재료								
게임전략		카드	룰렛	구슬						
	찢기									
	굴리기									
	뒤집기									

08 희망점 열거법과 결점 열거법

브레인스토밍 기법에서 개선과 해결책을 목표로 하는 방법으로 희망점 열거법과 결점 열거법이 있다. 희망점 열거법과 결점 열거법은 1차 브레인스토밍과 이를 구체화하는 2차 브레인스토밍 회의를 하는데 이를 '2회의법'이라고 한다. 희망점 열거법과 결점 열거법의 차이는 희망점 열거법은 개선을 넘어선 혁신적인 대안을 창안해 낼 수 가능성이 있고, 결점 열거법은 문제점에 개선안이 나왔다고 하더라도 혁신적인 개선안을 기대하기는 어렵다(홍길회, 2018 재인용).

1) 희망점 열거법

희망점 열거법은 어떤 대상에 대해 생각하고 있는 소망이나 꿈을 찾아내서 이를 구체화하기 위한 아이디어를 이끌어내는 방법이다. 글자 그대로 '이런 것이 있었으면 좋겠다.' 또는 '이렇게 되었으면 좋겠다.' 하는 식의 바람과 꿈을 열거하는 방법이다. 희망점 열거법은 현실적이든 비현실적이든 유쾌한 분위기 속에서 자유롭게 희망사항을 이야기할 수 있어야 하고, 유창성 · 융통성 · 상상력을 길러 줄 수 있는 확산적 사고에 효과적인 방법이다.

(1) 희망점 열거법 진행 방법

① 주제를 제시한다.

② 1차 희망점 열거 브레인스토밍을 실시한다.

- 주제의 희망을 열거한다.

③ 중요 항목을 평가하여 주요 희망사항을 선별한다.

④ 2차 개선 브레인스토밍을 실시한다.

- 선별한 각 희망의 개선안을 생각한다.

(2) 희망점 열거법 사례

① 주제는 만년필의 희망 사항 열거이다.

② 1차 희망점 열거 브레인스토밍을 실시한다.

- 항상 잉크가 나온다.
- 잉크가 절대로 뚝뚝 떨어지지 않는다.
- 절대로 종이에 걸리지 않는다.
- 두 가지 색 이상 사용할 수 있도록 한다.
- 어떤 방향으로도 부드럽게 쓸 수 있다.
- 굵게도 가늘게도 자유롭게 나눠 쓸 수 있다.
- 주머니에 넣을 때에는 작게 된다.
- 펜촉이 영구히 닳지 않는다.
- 뚜껑이 없어도 괜찮다.
- 잉크를 바꿔 넣지 않아도 좋다.

③ 만년필의 희망사항 열거에 대한 중점 항목을 평가한다.

- 근본적인 개선이 필요하다(◎).
- 가능하면 실현하고 싶다(○).
- 개선했으면 좋겠다(△).

④ ◎로 표시된 근본적인 개선에 대한 사항을 중심으로 개선안을 위한 브레인스토밍을 실시한다.

창의·인성 Work 6-20

일상생활 물건에 대해서 희망점을 나열하고 '이런 것이 있었으면 좋겠다.' 또는 '이렇게 되었으면 좋겠다.' 하는 희망점을 나열해 보세요.

예) 우산

립스틱

2) 결점 열거법

(1) 결점 열거법

사물에 대한 단점을 찾아 분석한 뒤에 그것을 개선하기 위한 아이디어를 구체적으로 찾아내 결점을 제거하려는 방식이다. 브레인스토밍을 변형한 아이디어 발상법이라 할 수 있다. 스마트폰을 예를 들어보면 무겁다, 카메라 줌 기능이 없다, 휴대하기가 불편하다, 연속 촬영이 잘 안 된다, 원거리 촬영이 곤란하다 등 단점을 열거하고 그 아이디어 개선점을 찾는 사고방식이다. 희망점 열거법과는 대조되며, 현상에 질질 끌려 혁신적인 해결책을 생각하기 어렵다는 단점이 있고, 현상을 개선하는 접근으로 해결책을 실행하기 쉽다는 장점이 있다.

(2) 결점 열거법의 진행 방법

① 주제를 제시한다.

② 1차적으로 결점을 찾아내기 위해 브레인스토밍을 실시한다.

- 주제의 결점을 열거한다.

③ 중요 항목을 평가하여 주요 결점 사항을 선별한다.

④ 2차적으로 개선 브레인스토밍을 실시한다.

- 선별한 각 결점의 개선안을 생각한다.

(3) 결점 열거법 사례

① 주제는 딱풀의 결점 사항 열거이다.

② 결점 열거 브레인스토밍을 실시한다.

- 가격이 비싸다.
- 일회용으로 너무 사치스럽다.
- 알맹이를 교환해야 하는데 교환할 수 없다.
- 뚜껑이 책에 위에서 자주 떨어진다.

• 색상이 한 가지밖에 없다.

③ 딱풀의 결점사항 열거에 대한 중점 항목을 평가한다.

• 근본적인 개선이 필요하다(◎).
• 가능하면 실현하고 싶다(○).
• 개선했으면 좋겠다(△).

④ ◎로 표시된 근본적인 개선에 대한 사항을 중심으로 2차 브레인스토밍을 실시한다.

위의 방법을 통한 개선안의 한 가지는 다음과 같다. 뚜껑이 떨어지는 것의 결점에 대한 개선안은 '다각형'으로 전환, 풀 알맹이를 리필할 수 있도록 알맹이를 별도로 판매할 수 있게 한다.

창의·인성 Work 6-21

일상생활의 물건의 결점을 나열하고 결점을 없애기 위해서 어떻게 하면 좋을지 개선점을 나열해 보세요.

예) 연필

09 스캠퍼

1) 스캠퍼(SCAMPER) 기법이란?

스캠퍼 이론은 '새로운 모든 것은 이미 그 전에 존재하는 것에 조금 덧붙이거나 수정하는 것이다.'라는 명제에서 출발하며, 원래 오스본(Osborn)이 제안한 동사 체크리스트를 에베를레(Eberle, R. F.)가 재구성하여 일곱 가지 질문으로 구성하였다(전경원, 2008 재인용). 어떤 주제를 정하고 이것을 다른 무엇인가로 전환시킬 때 많이 사용하는 기법이다. 수많은 아이디어를 만들어 낼 필요가 있거나 문제를 풀려고 하는 때는 언제나 쓸모가 있다. 가만히 앉아서 머릿속에서 아이디어가 튀어나오기를 기다릴 필요 없이 아이디어가 나오도록 돕는 SCAMPER 질문을 사용할 수 있다. 예를 들어 채취된 석유는 화학원료가 되고, 화학원료는 합성고무가 되고, 이것은 자동차 타이어가 된다. 채석된 광석은 금속이 되고, 금속은 철사가 되고, 철사는 자동차 부품이 된다는 논리다.

스캠퍼는 '체크리스트에 속하는 것으로 기존의 제품을 개조하여 신제품을 발명해 내는 데 유용하게 활용되는 질문 기법이다. 스캠퍼는 한 문제나 상황에 대한 다양한 시각들 중에서, 한 영역에 대해 스캠퍼는 여러 가지로 집중적으로 생각해 보고 차례로 나머지 부분들도 충분히 생각한 후에 아이디어를 서로 조합하거나 결합시켜서 가장 적합하거나 적절한 상황으로 문제를 해결하고자 하는 것이 목적이다.

SCAMPER란 일곱 가지 질문에 있는 핵심 단어들의 첫 철자를 따서 기억하기에 편리하도록 만든 약어이다. 브레인스토밍이 사고의 제약 없이 다양한 안을 마음껏 도출하도록 하는 데 비해, 스캠퍼는 사고의 영역을 일정하게 제시함으로써 다소 구체적인 안들이 나올 수 있도록 유도하는 아이디어 창출기법이며, 확산적 사고를 용이하게 하는 데 사용될 수 있다.

2) 스캠퍼 기법 질문

7개의 질문을 던지고 7개의 답을 찾아낸 뒤 실행 가능한 최적의 대안을 골라낸다. 업무에 적용할 때는 팀을 만들어 대안을 찾는 것이 중요한 포인트다. 사고의 출발점 또는 문제해결의 착안점을 미리 정해 놓고 그에 따라 다각적인 사고를 전개함으로써 능률적인 아이디어를 얻는 방법이다. 이 기법은 용도를 개발하거나 품질을 개선하는 등의 아이디어 개발에 유용하다.

① S(Substitute): 대체하기, 다른 누구? 다른 성분? 다른 재료? 다른 에너지?

② C(Combine): 결합하기, 결합하면? 아이디어를 결합하면?

③ A(Adapt): 응용하기, 맞도록 고치면? 이것과 비슷한 것은? 각색을 하면?

④ M(Modify, Magnify, Minify): 수정 · 확대 · 축소하기, 확대하면? 빼면? 변형시키면?

⑤ P(Put to other uses): 다른 용도로 사용하면? 다른 용도로 사용해 보면?

⑥ E(Eliminate): 제거하기, 없애버리면? 부품 수를 줄이면?

⑦ P(Rearrange, Reverse): 재배치 · 거꾸로 하기, 거꾸로 하면? 역할을 바꾸면?

3) 스캠퍼 기법 7개의 질문 사례

스캠퍼 기법을 통해 생각하고자 하는 주제를 분리하여 어떤 새로운 아이디어와 생각들이 나타나는지 목록을 만들어 질문한다. 올바른 질문을 할 때 아이디어가 거의 무의식적으로 튀어나오는 것을 발견할 것이다.

(1) S(Substitute): 대체하기

어떤 것을 대체할 수 있을까? A 대신 B를 쓰면 어떨까?

"그 대신 나는 무엇을 사용할 수 있을까?" 또는 "내가 사용할 수 있는 다른 성분, 재료, 구성 요소는 무엇이 있을까?"와 같은 질문을 하도록 제안한다. 대체는 기존의 뭔가를 대체하는 아이디어를 개발하는 데 좋은 방법이다. 이것을 저것으로, 저것을 이것으로 바꾸는 방법을 생각한다. 크건 작건 문제해결책이나 수많은 새로운 생산품들이 대체의 결과다.

■ 사례

① 휘발유 대신 하이브리드 자동차로 대체
② 가마솥 대신 압력밥솥으로 대체
③ 열쇠 대신 지문, 번호 인식으로 대체
④ 등불, 촛불 대신 형광등, LED 램프로 대체
⑤ 맷돌 대신 믹서기, 녹즙기로 대체
⑥ 유리컵 대신 종이컵 대체

창의·인성 Work 6-22

대체하기의 다양한 사례를 찾아보세요.

TIP 대체하기

다음과 같은 질문을 해 보자.

① 이 제품을 어린이(남자, 여자, 노인들, 젊은이들, 노동자)가 사용하려면 어떻게 해야 할까?

② 다른 성분으로 대체시킬 수는 없는가?

③ 재료를 다른 것으로 바꾸면 어떻게 될까?

④ 생산의 과정을 다르게 변화시키려면 어떻게 할까?

⑤ 다른 에너지로 대체시키면 어떻게 될까?

⑥ 만약 장소를 바꾸면 어떻게 될까?

⑦ 음성을 다르게 대체시키면 어떻게 될까?

⑧ 그 외의 누구를 바꿀 수 있는가?

(2) C(Combine): 결합하기

"나는 어떻게 부분이나 아이디어들을 결합할 수 있을까? 와 관련해 새로운 것을 제안하기보다는 내가 섞을 수 있는 두 가지가 있을까?"라고 묻는 방식이 결합하기이다.

이것을 다른 무엇과 결합시킬 수 있는가? A와 B를 합치면 어떨까? 와 같이 창의적 사고의 상당 부분은 뭔가 새로운 것을 만들기 위해 관련이 없는 이전의 아이디어나 주제를 결합시키는 것과 결부된다. 이 과정은 통합과정으로 불리며 전문가들에 의해 창의력의 핵심으로 간주된다. 수많은 평범한 생산품들은 결합의 산물이다.

■ 사례

① 바퀴 달린 가방, 신발 ② 복합기는 '프린터'+'복사기'+'팩스'+'스캐너' ③ 지우개 달린 연필 ④ 등산용 칼 '칼'+'병따개'+'가위'+'송곳'+'손톱깎이' ⑤ 인터넷 서비스 '광랜'+'무선인터넷'+'IPTV'+'전화'

창의·인성 Work 6-23

전화기에 결합된 것들을 생각해 보세요.

예) 계산기, 펜, 달력, 알람시계, 뮤직 플레이어

창의·인성 Work

창의·인성 Work 6-24

결합하기와 관련된 일상생활의 제품을 찾아보세요.

TIP 결합하기

> 다음과 같은 질문을 해 보자.
> ① A의 기능과 B의 기능을 결합하면 어떻게 될까?
> ② A의 기능과 B의 기능을 섞어서 새로운 것은 만들 수 없을까?
> ③ A의 기능과 앙상블을 이루는 것에는 어떤 것들이 있을까?
> ④ A 단원과 B 단원을 재구성한다면 어떻게 해야 할까?
> ⑤ A의 아이디어와 B의 아이디어를 조합시키면 어떻게 될까?
> ⑥ 용도를 배가시키기 위해서는 무엇이 조합되어야 하는가?

(3) A(Adapt): 응용하기

“그 밖에 이것과 비슷한 것은 뭘까?” 또는 “다른 어떤 것을 흉내 내거나 바꿀 수 있을까?”와 같이 질문을 통해 제안하는 방식이 응용하기이다.

새로운 아이디어를 도출하기 쉬운 방법은 주제를 정하여 이것에 무엇을 추가하는 것이다.

■ 사례

① 말 뒤에 수레 매달기 응용(자동차 뒤 트레일러)
② 돌고래 초음파 응용(초음파 진단기)
③ 장미 가시 응용(철조망)
④ 개구리 보호색 응용(전투복)
⑤ 고양이 눈 응용(야광 도로 표지판)
⑥ 바람 응용(풍력발전)

창의·인성 Work 6-25

응용하기와 관련된 다양한 사례를 찾아보세요.

TIP 응용하기

다음과 같은 질문을 해 보자.

① 이 아이디어를 응용하면 어디에 활용할 수 있을까?
② 이 제품에서 활용할 수 있는 새로운 아이디어는 무엇인가?
③ 이 아이디어에서 각색하여 활용할 수 있는 것은 어떤 것들이 있는가?
④ 이 아이디어를 ~에 활용하게 각색을 하려면 어떻게 해야 할까?
⑤ 이 제품의 기능과 비슷한 것에는 어떤 것들이 있는가?
⑥ 이 기능은 어떤 아이디어를 시사하는가?

TIP 창의적인 사고의 순환 과정

벽돌을 만든 사람이 집 짓는 용도로 만들었다고 하더라도 실제로 사용되고 있는 것이 사냥용이라면 그 벽돌은 사냥 도구다. 이러한 과정을 거쳐 우리는 사냥용 벽돌을 만들 수 있다. 이렇게 만들어진 사냥용 벽돌은 다시 기존의 질서가 될 것이고, 우리는 또 다른 새로운 질서를 찾는 작업을 해 나간다. 이것이 창의적인 사고의 순환 과정이다.

(4) M(Modify, Magnify, Minify): 변형·확대·축소를 통해 수정할 수 있는가?

① 변형

변형에서 "현재의 아이디어. 실습 또는 제품을 약간 바꿔서 성공할 수 있을까?"라고 물을 수 있다.

- 아동에게 인기를 끌 수 있게 치약의 색과 향기를 바꾸는 일
- 유명한 쿠키의 레시피에 땅콩이나 건포도를 추가하는 것
- 자동차의 스타일을 약간 바꾸는 것

② 확대

확대는 "내가 어떻게 이것을 더 크게, 더 세게, 더 과장되게, 더 빈번하게 만들 수 있을까?"와 같은 질문을 할 수 있게 만든다.

- 더 큰 TV 세트
- 거대한 금붕어 크래커
- 특대 사이즈의 식사
- 두 배 길이의 정원 호스

③ 축소

축소는 "내가 어떻게 이것을 더 작고, 더 간결하며, 더 가볍게 만들 수 있을까?"라고 묻는다.

- 한입 크기의 크래커
- 3인치짜리 동영상 스크린
- 농축된 섬유 유연제
- 10초짜리 광고

■ 사례

① 구부러진 물파스	④ 대형 TV	⑦ USB 저장 장치
② 컵라면	⑤ 슈퍼마켓 대형화	⑧ 소형 노트북
③ 김치 냉장고	⑥ 초소형 카메라	⑨ 베란다 확장

창의·인성 Work 6-26

변형·확대·축소와 관련한 다양한 사례를 찾아보세요.

TIP 변형 · 확대 · 축소

다음과 같은 질문을 해 보자.

① 이 모양을 좀 더 확대시키면 어떻게 될까?

② 이 제품의 모양을 좀 더 작게 축소시키면 어디에 활용할 수 있을까?

③ 이 모양을 움직이기(이동하기, 들어 올리기, 고정시키기 등) 쉽게 변형하려면 어떻게 할까?

④ 이 제품이 시사하는 의미를 좀 더 바꾸려면 어떻게 해야 하나?

⑤ 이 제품의 색깔(소리, 향기, 형태 등)을 바꾸면 어떻게 될까?

⑥ 이 아이디어를 활용할 빈도를 높이려면 어떻게 해야 할까?

⑦ 이 제품의 성능을 더 강하게(약하게, 가볍게, 간소화하게, 무겁게) 하려면 어떻게 할까?

(5) P(Put to another use): 다른 용도로 사용할 수 있는가?

A를 B 용도로만 사용하는 게 아니라 다른 용도로 사용하면 어떨까? "내가 어떻게 이것을 새로운 방식으로 쓸 수 있을까?"라는 묻기를 제안한다.

■ 사례

① 주방기구(난타 공연 악기로 사용)
② 폐타이어(놀이터 바닥, 자전거 도로 재료로 사용)
③ 고장 난 TV(예술작품 소재로 사용)
④ 치약(금속광택, 연마제로 사용)
⑤ 폐선박, 비행기, 기차(레스토랑, 카페 등으로 사용)
⑥ 레일바이크

창의·인성 Work 6-27

다른 용도로 사용된 다양한 사례를 찾아보세요.

TIP 다른 용도로 사용

다음과 같은 질문을 해 보자.

① 이 제품을 다른 용도로 사용한다면 어떤 용도들이 있을까?
② 기존 제품의 기능 중 일부를 ~ 수정하여 사용한다면 어떤 용도로 사용할 수 있을까?
③ 이 아이디어의 맥락을 ~로 바꾸면 어떤 용도로 사용할 수 있을까?
④ 이 제품의 모양·무게 또는 형태로 보아 사용할 수 있는 다른 용도는 어떤 것들이 있을까?

(6) E(Eliminate): 제거하기

제거할 수 있는가? A를 구성하는 것 중 하나를 빼면 어떨까? "무엇을 생각하거나 제거할 수 있을까? 모든 부분이 다 필요한 걸까? 이 문제를 풀기 위해 조금이라도 필요한 것일까?"와 같은 질문을 활용하여 제거한다.

① 식품점에서 설탕과 지방이 제거된 물건으로 가득 채움
② 시인들은 불필요한 단어를 제거
③ 농축된 세탁용 세제는 혼합물을 생략하거나 줄인 결과

창의력의 역설 중 하나는 독창적으로 생각하기 위해서는 먼저 타인의 아이디어에 전문가가 되어야 한다는 말이 있다. 토머스 에디슨은 "다른 사람이 성공한 흥미로운 아이디어를 습관적으로 찾아라. 아이디어는 작업하고 있는 문제에 아이디어를 적용하는 부분에서만 독창적이면 된다." 식으로 표현한다. 때때로 주제로부터 뭔가를 제거하면 새로운 아이디어가 나온다. 아이디어, 목적, 과정을 정리하여 간단하게 하면 진정으로 필요한 부분이나 기능으로 좁혀 들어가거나 혹은 다른 과제를 위해 적합한 부분을 강조할 수 있다.

TIP 막내딸과 쫄면 이야기

<중략> 미국 심리학자 에이브러햄 매슬로의 '욕구 단계설(Hierarchy of needs)'에 따르면 인간의 기본 욕구를 채운 다음 상위(上位) 욕구를 추구하듯 배고픈 문제가 어느 정도 해결된 막내딸이 쫄면이 어느 나라 음식인지 물었다. 쫄면의 원조는 어디일까? 쫄면은 외국에서 들어온 음식 같은데 사실은 우리나라가 원조다. 인천 인현동에 있는 조그마한 분식점인 '맛나당'이란 분식점이 원조다. 쫄면의 탄생은 아주 우연에서 시작되었다. 아니 실수로 탄생했다고 보아야 정확한 표현이다. 1970년대 초 인천시 중구에 있는 광신제면이란 냉면공장에는 냉면발 주문에 밀렸다. 직원이 너무 바쁜 나머지 면을 뽑는 사출기 구멍을 잘못 맞추는 바람에 냉면보다 훨씬 굵은 면발이 나왔다고 한다. 당연히 냉면발로는 못 쓰게 되었다. 냉면공장 사장은 근처의 분식점 '맛나당'에 주었고 이곳에서 주방장이 고추장 양념에 비벼 팔면서 분식집 메뉴로 퍼지게 된 것이 오늘날 쫄면이다. 쫄면은 '맛나당' 주방장이 응용하면 어떨까? 분리하면 어떨까? 등 오늘날 스캠퍼(SCAMPER) 기법을 쓰지 않았을까? <믿거나 말거나> 놀라운 사실은 30여 년 전에 실수로 탄생한 쫄면이 한때 일본 신주쿠 백화점에서 '월드컵 맞아 한국문화 페스티벌' 때 전주비빔밥과 부산 동래파전과 함께 대표 음식으로 소개된 적도 있다. <중략>

■ 사례

① 디카페인 커피(커피에서 카페인 제거)
② 무선 키보드, 마우스, 전화, 다리미(유선에서 선을 제거)
③ 무가당 주스(주스에서 당분 제거)
④ 디지털카메라(카메라 필름 제거)
⑤ 오픈카(자동차 지붕 제거)

창의·인성 Work 6-28

제거하기와 관련한 다양한 사례를 찾아보세요.

TIP 제거하기

다음과 같은 질문을 해 보자.

① 이 제품에서 ~을 없애 버리면 어떻게 될까?

② 이 제품에서 부품 수를 줄이면 어떤 모양의 제품이 될까?

③ 이 제품에서 없어도 되는 기능들은 어떤 것들인가?

(7) R(Rearrange, Reverse): 재배치 · 거꾸로 하기

"다른 순서를 사용할 수 있을까? 부분을 교체할 수 있을까? 반대로 할 수 있을까? 만약 이것을 뒤집거나, 뒤로 돌리거나, 안과 밖을 바꾼다면 어떤 일이 일어날까?" 같은 질문을 제안한다. 'AB를 BA로 바꾸면 어떨까?'에서 출발하며 순서를 바꾸거나 뒤집는 등 색다른 아이디어로 문제해결의 실마리를 찾는 질문이다. 우리가 모르는 것을 발견하기 위해 우리가 아는 것을 풍부하게 재배열하는 것으로 이루어진다. 재배열은 아이디어 · 제품 · 서비스를 위한 무수한 대안을 제공한다.

■ 사례

① 거꾸로 패션(상표를 밖에 붙인 옷)
② 누드 김밥(김과 밥이 거꾸로)
③ 거꾸로 타는 보일러
④ 마요네즈나 케첩 용기 뒤집어 놓기
⑤ 재택근무

창의·인성 Work 6-29

재배치 · 거꾸로 하기와 관련한 다양한 사례를 찾아보세요.

TIP 재배치 · 거꾸로 하기

다음과 같은 질문을 해 보자.

① ~와 ~의 인물 역할을 바꾸면 어떤 현상이 일어날까?

② 이 기구의 배치를(위에서 아래로 → 아래서 위로) 바꿀 수 있는가?

③ 이 제품을 좀 더 편리하게 사용하려면 ~와 ~의 위치를 어떻게 바꾸어야 할까?

④ 일을 좀 더 효율적으로 하려면 스케줄을 어떻게 해야 할까?

⑤ 근무조건을 향상시키기 위하여 출퇴근 시간을 어떻게 조정해야 하는가?

⑥ 이 이야기에서 원인과 결과를 바뀌면 어떻게 전개되어야 하는가?

TIP SCAMPER 기법을 활용하면…

한 가지 일을 통해 두 가지 효과를 가져오는 것을 일거양득(一擧兩得)이라고 한다. 임도 보고 뽕도 따고, 도랑 치고 가재 잡는 것이 스캠퍼 기법이다.

4) 스캠퍼를 활용한 휴대폰 개발 사례

① S-Substitution(대체): 현재 휴대전화에서 대체할 수 있는 것은?

- 모양의 대체: 획일적인 폴더와 슬립, 바 타입의 모양에서 다른 모양으로
- 재질의 대체: 좀 더 가볍고 흠이 안 나는 재질로
- 휴대 방법의 대체: 시계 타입의 핸드폰 제작. 재질은 기존의 금속이 아닌 섬유를 사용

② C-Combine(결합): 휴대전화와 결합하여 시너지를 창출할 수 있는 것은?

- 전자사전과의 결합: 10대들의 필수 항목인 전자사전과의 결합

- PMP와의 결합: 20대들이 가장 선호하는 전자 기기 중 하나인 PMP를 휴대전화에 결합
- PDA와의 결합. 어느새 다이어리의 자리를 대신 맡게 된 PDA와의 결합

③ A-Adapt(적용): 타 기술에서의 어떤 것을 휴대전화에 적용하면 더 좋은 제품이 탄생할 수 있을까?

각각의 구성이 효율적인 음향 시스템: 오디오 시스템(CDP 기반)은 크게 CD를 읽는 CDT 부분과 그 읽은 디지털 신호를 사람이 들을 수 있게 바꾸어 주는 DAC 부분, 최종적으로 변환된 신호를 사람이 들을 수 있도록 증폭해 주는 AMP 부분, 최종적으로 사람이 들을 수 있게 해주는 리시버 부분으로 나뉜다. 리시버를 제외하더라도 CDT, DAC, AMP는 점점 일체형보다는 각각 의 구성품으로 따로 파는 추세다. 위와 같은 메인 부분과 SUB 부분을 나누어 각각을 판매할 때 소비자들은 바꾸고 싶은 부분을 큰 부담 없이 구입할 수 있게 된다.

④ M-Magnify/Modify(확대/변환): 확대나 변환을 통해 휴대전화를 혁신할 수 있는 방향은?

- 확대: 액정 크기의 확대. 작은 액정에서 사진과 동영상 보기가 힘들어진다. 메인 부분에서 큰 액정으로 쉽게 휴대전화를 이용 가능
- 변환: 휴대전화라는 고정관념을 깨고 통합 개인 장비 시스템이라는 방향으로 변환

⑤ P-Put to other use(다른 용도로의 이용): 휴대전화를 전화 이외의 다른 용도로 이용 가능한 방향은?

메인 부분은 가방이나 큰 주머니에 넣고 시계 부분만을 차고 있음으로써, 또한 시계 부분만을 바꿀 수 있게 통합 목표를 설정함으

로써 기존의 시계를 완전히 대체할 수 있다.

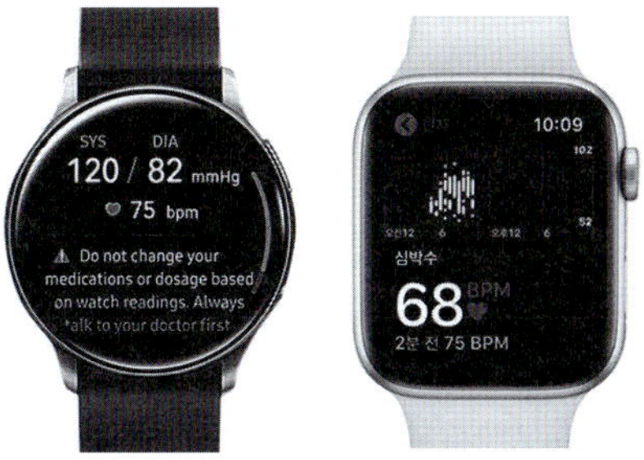

그림 6-3 스마트 워치

⑥ E-Elimination(제거): **휴대전화에서 제거해도 되거나 제거해서 더 나은 부분은?**

서브 부분에서 문자 입력하는 부분을 완전히 제거하고 문자 입력 대신 음성 인식장치를 넣어 문자의 폐단을 막을 수 있다.

⑦ R-Rearrange/Reverse(재배열/역방향): **휴대전화에서 재배열하고 거꾸로 생각해 볼 수 있는 부분은?**

서브 부분(시계)에서 누르는 방법이 아닌 돌려서 누르는 방법을 사용함으로써 누를 수 있는 종류가 늘어난다. 또한 시계 부분에만 기판을 까는 것이 아닌 밴드 부분에도 휘어짐이 가능한 기판을 설치해 공간을 반 이하로 줄일 수 있다.

창의·인성 Work 6-30

지갑을 두둑하게 할 수 있는 법

경제학자나 전문가들은 위기란 표현을 많이 쓴다. 위기란 뜻의 'crisis'는 '결단'과 '전환점'의 의미를 가진 그리스 말에서 유래됐다. 위기도 기회가 될 수 있다. 스캠퍼 기법을 활용하여 지갑을 두둑하게 하는 방법을 찾아봅시다.

5) 스캠퍼 기법 활용 아이디어 사례

표 6-14 스캠퍼 기법 활용 사례

7가지 스캠퍼 항목	사례
(S)대체하기 다른 것으로 대신할 수 있나요?	• 마룻바닥 ➜ 나무무늬 장판 • 솜 베개 ➜ 메모리폼 베개 • 매트리스 침대 ➜ 돌침대 • 전기매트 ➜ 옥매트
(C)결합하기 다른 것과 결합하면?	• 전자사전 + MP3 = 딕플 • 김밥 + 제육볶음 = 삼각 김밥 • 라면 + 짜장 = 짜파게티 • 짜장 + 짬뽕 = 짬짜면 • 목걸이 + 시계 = 목걸이 시계
(A)적용하기 이것과 비슷한 것은? 각색을 하면?	• 주먹밥을 응용한 삼각 김밥 • 미국 국기를 디자인에 응용 • 장미의 가시가 철조망에 응용 • 지문 인식장치를 잠금장치에 적용 • 태양 에너지를 이용한 전열판
(M)수정 · 확대 · 축소하기	• 지압이 되는 슬리퍼 • 버스를 확대한 2층버스 • 언제든지 원하는 형태로 바꿀 수 있는 레고블록을 확대한 디자인의 소파 • 영화 아이가 줄었어요/ 아이가 커졌어요
(P)다른 용도로 사용하기 다르게 사용할 수 있나요?	• 물풀을 쌍꺼풀을 만드는 용도로 사용 • 솥뚜껑을 삼겹살을 구워 먹을 때 사용 • 테이프를 접착 용도가 아닌 옷의 먼지를 떼는 데 사용 • 폐품으로 예술품을 만드는 백남준의 비디오 아트 • 폐타이어로 둑을 쌓는 것
(E)제거하기 어느 부분을 없애면 어떤 점이 편리할까요?	• 무설탕 캔디, 무설탕 껌 • 덮개 없는 오픈카 • 당분을 뺀 무가당 주스 • 디 카페인 커피 • 무선 키보드, 무선 마우스 • 뼈 없는 치킨
(R)재배열, 거꾸로 하기 순서나 앞과 뒤를 바꾸면?	• 재택근무, 탄력근무시간제 • 여름에 겨울 상품을 세일하는 것 • 김과 밥의 배열을 바꾼 누드김밥

출처: 홍길회(2018).

창의·인성 Work 6-31

SCAMPER를 활용한 활동의 사례를 들어 보시오.

10 기타 기법들

1) 연꽃법(Lotus Blossom)

연꽃법은 연꽃 모양의 발상 카드를 채워가는 동안 연꽃잎처럼 다양한 아이디어가 피어난다고 붙여진 이름으로 일본 치바시 경영연수소의 사장 마쓰무라 야스오가 개발하여 MY 기법이라고도 부른다. 연꽃법은 구조화된 아이디어를 생성하도록 하는 기법인데 마인드맵처럼 아이디어를 자연스럽게 이끌어낼 뿐 아니라 아이디어가 체계적이고 구조화되어 있다는 특징을 갖는다. 연꽃법의 구체적인 절차는 살펴보면 아래와 같다(한유미, 2018).

① 3×3 격자 표를 9개 만들고 정 중앙 칸에 정해진 문제나 주제를 적는다.

② 문제나 주제와 관련된 사항들(예를 들면 원인)을 중심으로 둘레의 8개 칸에 기록 한다.

③ 8개 칸에 적힌 사항들을 각각 양쪽 방향의 표에 문제나 주제로 만들어 새로운 연꽃을 만든다. 즉, 같은 색깔의 칸으로 옮겨 적는다.

④ 8개의 새로운 문제나 주제에 대한 해결방안을 주변 8개 칸에 적는다.

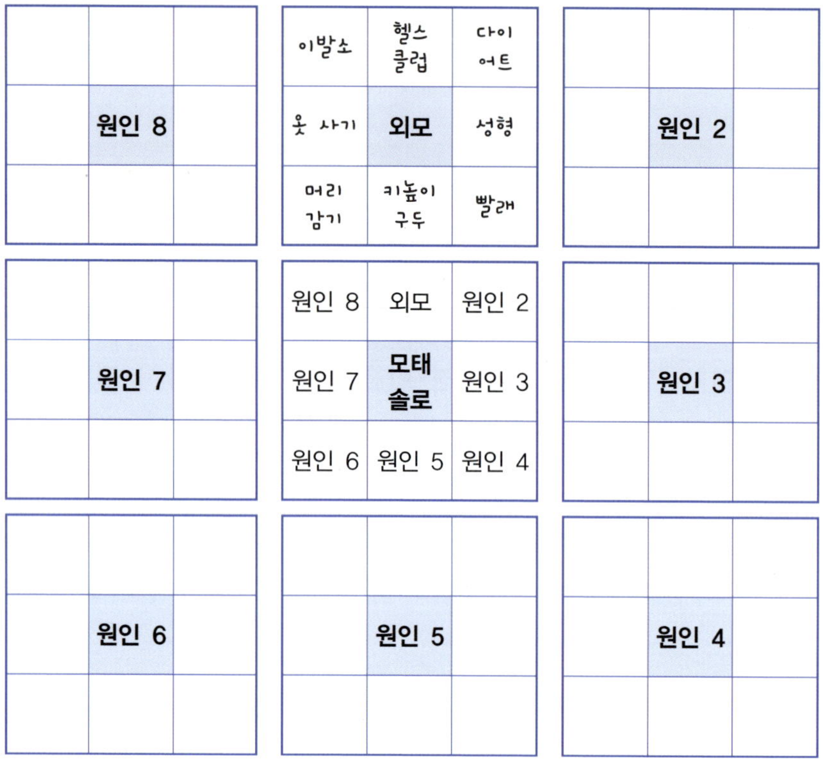

그림 6-4 연꽃법의 사례
출처: 한유미(2018). 창의적 논리 논술. 어가.

창의·인성 Work 6-32

자신이나 주변의 문제를 연꽃법으로 해결해 봅시다.

2) 연상법(Association)

흔히 창의성의 근원은 상상력에 있고, 상상력의 원천은 연상력에 있다고 한다. 연상이란 인접한 사물들 사이에서 하나의 심상이 관련된 다른 심상을 불러오는 것을 의미하며, 연상력이 풍부해야 창의성이 풍부하다고 할 수 있다. 따라서 연상법은 유연한 사고로 상상력을 기르는 기법이라 할 수 있으며, 이에는 자유연상법과 통제연상법이 해당된다.

(1) 자유연상법(Free Association)

자유연상법은 가장 기초적인 아이디어 생성법이라 할 수 있다. 어떤 단서, 주제, 상황 등을 제시하고 문득 떠오르는 아이디어를 포착하는 방법으로 두 개의 대상을 강제로 연결시킬 필요 없이 자유롭게 상상의 날개를 펼치는 방법이다. 예를 들면 우리가 잘 아는 전래동요처럼 '원숭이 똥구멍' 하면 '빨갛다'를 떠올리고 '빨갛다' 하면 사과를 떠올리는 것 등이 있다.

(2) 통제연상법(Regular Association)

자유연상에 어느 정도 조건을 주어 제한 통제된 연상을 유도하는 방법이다. 즉, 어떤 단서에 이어질 다음의 발상들의 앞의 단서와 계속성, 유사성, 상대성, 인과성 등의 요소가 있는 것들로 한정하여 발상하도록 하는 것이다. 예를 들면 빨갛고 동그라며 먹을 수 있는 것에는 무엇이 있는가? 또는 '리'자로 끝나는 단어는? 낱말의 끝 자를 이어서 말 이어가기 등이 있다.

창의·인성 Work 6-33

자유연상활동을 단서나 주제어를 제시해 그룹별로 해 봅시다.

예) 유치원 → → →

예) 아이돌 → → →

·

·

·

·

창의·인성 Work 6-34

통제연상활동 유형에 따라 연습해 봅시다.

- 끝말잇기 놀잇감 → 감사 → 사진 →
- 앞말 잇기 유치원 →
- 초성으로 연상하기 ㅈㅅㅇㅇㅇ → 자신 있어요, 정성 있어요.
- 사자성어 끝말잇기 삼사일언 → 언중유골 →
- 같은 글자로 끝나는 단어 '상'자로 끝나는 말은?
- 삼행시 짓기 올레길

3) 색다른 용도법

현재 사용하는 용도에서 벗어나 다른 용도로 사용할 수 있는 방법을 찾아보는 것이다. 예를 들어 음료수 캔을 다른 용도로 사용할 수 있는 방법은 무엇인지 생각해 보는 것이다. 사물이 가지고 있는 원래 용도 외에 기발하거나 색다른 용도로 사용할 수 있는 방법을 찾아보게 함으로써 창의적 사고 향상의 많은 도움이 되는 방법이다.

〈색다른 용도법의 절차〉

- 어떤 사물을 제시한다. 원래 용도가 무엇인지 안다.
- 다른 용도로 사용할 수 있다면 어떤 것이 있는지를 질문한다.
- 아이디어를 떠올린다.
- 나온 모든 아이디어를 살펴보고 그중에서 가장 독특한 것은 무엇인지, 누구의 아이디어가 가장 많은지 등에 대하여 살펴본다.

창의·인성 Work 6-35

콜라를 마시는 것 외에 다르게 사용할 수 있는 방법을 생각해 보자.

1. 녹 제거하기
2. 해파리에 쏘였을 때 응급처치하기
3. 스컹크 냄새 제거할 때 사용하기
4. 벌레 퇴치할 때 사용하기
5. 콜라+멘토스로 폭발
6.
7.
8.
9.
10.

창의·인성 Work 6-36

보자기를 무엇으로 사용할 수 있을까? 원래 용도 외에, 특정 지역이나 나라(예: 아프리카, 화성 등)에서는 어떻게 사용할지를 생각해 봅시다.

4) TRIZ 기법

(1) TRIZ란 무엇인가

'TRIZ'는 러시아의 겐리히 알트슐러(Genrich Altshuller)가 개발한 '창의적 문제해결을 위한 이론'이다. 러시아어 'Teoriya Resheniya Izobretatelskih Zadach'의 약자이며, 영어로 TIPS(Theory of Inventive Problem Solving)라고도 불린다(김형재 외, 2015).

1940년대 구소련 해군에서 특허심사 업무를 하던 겐리히 알트슐러는 당시 군 관련 기술적인 문제들을 해결하면서 발명에는 공통의 법칙과 패턴이 있음을 깨달았다. 그는 누구든지 문제를 창의적으로 해결할 수 있는 일반적 · 체계적인 문제해결책을 강구하게 되었다.

TRIZ 기법은 주어진 문제에 대하여 가장 이상적인 결과를 정의하고, 그 결과를 얻는 데 관건이 되는 근본 모순을 찾아내 이를 해결하기 위한 혁신적인 아이디어나 해결안을 얻을 수 있도록 생각하는 방법에 대한 이론을 말한다.

(2) TRIZ의 원리

TRIZ에서는 문제가 발생하는 것은 모순이 존재하기 때문이라고 본다. 모순이란 '대립되는 두 개의 성질로 인하여 어느 쪽도 선택할 수 없는 경우'를 말하는데, 대부분의 경우 지금까지의 경험과 지식을 총동원하여도 이러한 모순이 존재하는 한 문제는 해결할 수 없는 고질적 문제로 인식된다(김형재 외, 2015).

TRIZ 이론에서는 이 모순을 문제해결의 핵심 포인트로 설정하고 문제를 새로운 각도에서 바라보는 방법을 통해 모순을 해결할 수 있다고 보았다. 어려운 문제를 철저히 분석하여 도출된 모순은 어렵고 복잡하게 얽혀 있던 문제가 결국 2개의 대립되는 요소로 단순화된 것이기 때문에 이 모순만 해결한다면 문제는 해결된다는 원리이다.

TIP TRIZ의 40가지 원리

	유아용 TRIZ 이론명	설명
1	나눠보고 쪼개보고 다시 붙여보고	하나로 이루어진 것을 여러 개로 나누는 것으로 문제를 해결해 나갈 수 있는 방법. 단순히 여러 개로 나누는 방법과 더불어 분해, 조립을 목적으로 나누는 방법, 분할의 정도를 심화시키는 방법도 해당된다.
2	콕콕 필요한 것만	구성하고 있는 요소 중 필요한 것만 뽑아내어 사용하거나, 필요 없는 것을 뽑아내어 제거하는 원리
3	모두가 똑같을 필요는 없어요.	전체 중 일부분만 변형시키거나 일부분만 개조하여 전체적인 기능에는 손상을 주지 않으면서, 유용한 기능을 추가하거나 전체의 기능을 보강하는 원리
4	반듯한 것을 바꿔서 삐뚤빼뚤하게	무의식적으로 대칭을 추구하려는 인식을 깨뜨리는 것으로 필요하다면 대칭이 아닌 비대칭으로 바꿔서 문제를 해결해 가는 원리
5	뭉치면 산다.	하나만 사용하는 것보다 여러 개를 한꺼번에 사용함으로써 새로운 효과를 얻어내는 방법의 원리. 동일하거나 유사한 기능을 통합하는 것
6	여기도 쓰고 저기도 쓰고	한 가지 물체로 여러 가지 다른 기능을 수행할 수 있거나 여러 용도로 사용하게 하는 원리
7	큰 것 안에 작은 게 쏙쏙!	한 물체 속에 다른 물체를 집어넣는 원리. 빈 공간을 찾아 그 속에 다른 것을 집어넣어 부피를 줄이거나 다른 기능을 추가하는 방법
8	시소처럼	공중부양 혹은 균형추의 원리. 중력의 반대 방향으로 물건을 들어 올리는 것을 의미
9	주사 맞을 때 엉덩이는 왜 때려요?	사전 반대조치로서 피할 수 없는 유해한 작용을 최소화하기 위해서 혹은 유해한 작용을 예정된 방향으로 유도하기 위해서 사전 반대조치를 취하는 것
10	미리 해 놓으면 편리해요.	어차피 하게 될 유용한 작용을 미리 실행하거나, 나중에 편하게 시행되도록 조치를 취하는 것
11	미리미리 조심해요.	부족한 기능을 보완하거나 미리 예방하는 개념. 일어나지 않을 수도 있는 상황에 대비하는 것이 특징
12	장애물 없애기	어떤 것이든 잘 굴러가게 하기 위해 둥글게 하거나 높이를 맞추는 것
13	거꾸로 하기	상대방의 처지를 바꾸어 생각해 보면서 문제를 해결해 보는 것

14	둥글게 둥글게	직선을 곡선으로 바꾸는 것. 각진 것을 둥글게, 직선운동을 회전운동으로 바꾸기, 나선형 등을 이용하는 원리도 포함
15	움직일 수 없는 것을 움직이게	움직일 수 없는 것을 움직이게 하는 것을 통해 자유도를 증가시키는 것
16	아예 많거나, 아예 적거나	정확하게 효과를 얻을 수 없는 작업이라면 아예 초과해서 수행하거나 부족하게 수행하여 목적을 이루는 방법
17	차원 변경	2차원적인 평면에서 입체적인 3차원으로 차원을 변화시켜 보는 것
18	덜덜덜	진동의 효과로 새로운 기능을 얻거나 기존의 기능을 강화시키는 것
19	강약약, 강약약	연속적으로 일어나는 작용을 좀 더 강하게 혹은 좀 더 멀리 보내야 할 필요가 있을 때 주기적으로 강한 작용을 집어넣는다.
20	쉬지 말고 계속해요.	유용한 작용이라면 지속할 수 있도록 유지하는 것
21	급히 통과	유해한 작용을 조금이라도 줄이기 위해 빨리 통과해 버리는 것
22	나쁜 것을 좋게 바꿔요.	해로운 인자를 유용한 인자로 활용하거나 해로운 작용을 다른 해로운 요소를 이용해 없애 버리는 것
23	충전해서 계속 써요.	피드백의 의미로 앞에서 소진되는 것을 뒤에서 충전시켜 주는 것. 소진되고 나면 채워 주는 작용을 반복하도록 하는 것
24	가운데서 도와줘요.	특정한 작용을 보강하거나 보완하는 역할을 하기도 하고 특정 작용이 더욱 빨리 일어날 수 있도록 촉진시켜 주는 중간 매개물을 의미
25	스스로 척척	셀프서비스
26	진짜를 대신할 수 있어요!	원본을 대체할 수 있는 복사가 가능할 때 쓰이는 원리
27	임시방편	값비싼 것을 안전을 위해, 위생을 위해, 편익을 위해 값싸고 짧은 수명을 가진 일회용 제품과 같은 것으로 대체할 수 있는 방법을 찾는 것
28	눈 코 귀 입 손	기계로 이루어지는 작용을 사람의 오감이나 자기장 등을 이용하는 것으로 전환하는 것
29	공기, 물의 힘	고체로 이루어진 물건을 공기압이나 유압을 이용한 것으로 대체하거나 팽창되는 성질을 이용하는 원리
30	코팅으로 보호해요.	유연한 막이나 얇은 필름, 도금 등으로 유용하게 사용할 수 있는 방법

31	구멍을 뻥뻥!	구멍을 아주 작아지게 하거나 아주 커지게 하는 등 구멍을 뚫어 문제를 해결할 수 있는 방법
32	색깔 변형	어떻게 색깔을 칠하는가에 관한 원리
33	가재는 게 편	동질성의 의미로서 대상물을 가공하거나 변형시켜야 할 때, 대상물과 동일한 재료로 만들어진 촉매 도구, 보조제를 이용하는 방법
34	함부로 버리면 안 돼요.	폐기 및 재생의 원리로 폐기해야 하는 것이라면 흔적도 없이 사라지게 만들어 회수하는 수고를 덜어 주고, 회수를 해야 한다면 처음부터 회수가 잘 될 수 있도록 만드는 것
35	변해라 변해라	속성(밀도, 농도, 물리적 상태, 온도, 부피 등)을 변화시키는 것
36	주변 환경이 변해요.	액체나 기체로 변화되거나 기체가 액체로 변화될 때 생기는 부피의 변화나 발열 및 흡열반응을 이용하는 방법
37	뜨거워지면 커져요.	열에 의한 팽창하는 성질을 이용하는 방법
38	산소는 내 친구	산소를 주입해서 산화공기로 만들거나, 산화공기를 산소로, 산소를 오존으로 바꾸어 사용하는 원리
39	그대로 멈춰라!	다른 물질과 융합되거나 변화되지 않도록 유지하는 환경을 만들어 주는 것
40	복합재료	세상의 물질을 섞어 새로운 물질을 만들어 내는 것

출처: 서현아 외(2013), 서현아, 허수윤, 안세훈(2014). 재구성.

창의·인성 Work 6-37

'문틈에 손이 끼어 다치는 상황'을 가정하고 모순을 찾아 문제를 해결해봅시다.

1. 문제의 분석: 문제를 그림으로 나타내 보세요.

2. 원인과 결과를 분석해 보세요.
   1) 문제 재정의
      문이 빨라서 손이 다친다.
      문이 딱딱해서 손이 다친다.

   2) 모순 찾기
      문의 기능을 하기 위해 문은 딱딱해야 한다.
      다치지 않기 위해서 문은 부드러워야 한다.

3. 문제해결 아이디어를 찾아보세요.
   트리즈 이론 원리번호:

4. 문제를 해결해보세요.

CHAPTER 7

창의 · 인성교육의 실천방법

01 신문으로 하는 창의 · 인성교육

1) NICE(Newspaper in Creativity Education)와 교육적 효과

NICE는 신문을 교육에 활용하는 과정에서 무엇보다 창의성 함양에 초점을 둔 것이다. NICE는 학습에 대한 흥미와 동기유발, 문제해결력, 민주시민의 자질과 공동체 의식을 키우고 발표력과 리더십, 의사결정력과 논리 · 비판적 사고력, 가치판단 능력 등을 기르는 것으로 알려져 있다(조성민, 2003).

이러한 NICE의 교육적 효과를 구체적으로 정리해 보면 다음과 같다(전경원 외, 2003).

첫째, 창의력 신장에 도움을 준다.

창의적인 사고력을 함양하기 위해 특정한 교재도 필요하지만 일상생활에서 쉽게 접할 수 있는 신문에서 많은 도움을 얻을 수 있다. 특히 영상 매체에 길들여져 있는 아동들에게 인쇄물을 통한 사고력 훈련에 많은 도움이 될 수 있다. 특히 광고만 잘 활용해도 창의성 수업에 많은 도움이 된다.

둘째, 문제해결 능력을 신장시켜 준다.

언어뿐만 아니라 사회, 수와 관련된 다양한 내용을 접해봄으로써 교육내용과 관련된 실제적인 감각이 생기게 되므로 산교육을 할 수 있게 되고, 아동 자신이 어떤 내용에 관심이 있는지 알아볼 수 있다. 특히 교재나 교구가 부족한 아동일수록 신문을 잘 활용하면 훌륭한 교육이 될 수 있다.

셋째, 다양한 직업에 대한 관심 및 진로 교육에 도움을 준다.

신문에는 정치 · 경제와 관련된 직업뿐만 아니라 다양하고 구체적인 직업들이 소개된다. 예컨대, 패션 디자이너, 조류학자, 영양사, 광고 디자이너, 교사, 탤런트, 자동차 칼럼니스트, 천문학자, 카피라이터 등에 대한 정보를 얻을 수 있으므로 자연스럽게 다양한 직업에 관심을 갖게 된다.

넷째, 효과적인 동기유발을 촉진시킬 수 있다.

창의성교육은 본 활동에 들어가기 전에 워밍업을 해야 그 효과가 크며, 그래야만 좀 더 사고가 촉진된다는 연구가 있다. 워밍업에 신문을 활용하면 동기를 유발하는 데 효과가 있다.

다섯째, 사회에 대한 이해와 관심을 갖게 한다.

신문은 아동이 앞으로 사회 구성원으로서 살아가는 데 필요한 가장 기본적인 지식과 정보를 주고, 현실뿐 아니라 미래의 모습을 담은 사회생활의 유용한 정보 매체로서 '평생 배움을 위한 살아 있는 학습장'이라고 할 수 있다.

여섯째, 인지적인 측면에 통합적인 접근을 할 수 있다.

신문은 종합면부터 전면 광고에 이르기까지 다양한 내용과 형식의 표현들이 가득하다. 따라서 신문을 활용하면 다양한 교육 내용을 통합적으로 전개하며 학습 효과를 높일 수 있다.

일곱째, 정보의 습득과 효과적인 활용을 할 수 있다.

신문은 문자·그림이나 만화·사진 등의 다양한 표현 형식을 갖춘 정보 매체로서, 그 자체의 여러 특징상 독자들에게 기초적인 정보 마인드를 갖고 정보를 활용할 수 있는 능력을 신장·강화시키는 데 매우 적절하며 유익하다.

여덟째, 토론 기술 및 협동 학습 능력을 신장시켜 준다.

신문 기사는 경제, 사회, 정치뿐만 아니라 스포츠, 생활 이야기 등의 다양한 내용을 제공해 주고 있다. 이러한 여러 가지 사건들에 대하여 여러 친구들의 의견 및 생각, 해결방안 등을 서로 토의해 볼 수 있는 좋은 기회를 가질 수 있다.

2) NICE를 위한 교사의 역할

NICE를 위하여 교사 스스로 신문에 관심을 갖고 교수 학습에 필요한 유용한 자료들을 발견하는 재미로 읽어야 효과적이다. 우선 신문 그 자체가 풍부한 NICE의 자료가 될 수 있기 때문에 평소 자료를 잘 수집해 두면 활동을 전개하기가 용이하다.

NICE를 효과적으로 전개하기 위해서 교사는 무엇보다 다음의 몇 가지 능력을 갖추는 것이 필요하다.

첫째, 창의성에 대한 관심과 창의성 함양이 되어야 한다.

둘째, 교육 과정에 대한 분명한 이해와 파악이 있어야 한다.

셋째, 교수법에 대한 이해와 융통성 있는 활용이 있어야 한다.

넷째, 신문 매체에 대한 깊이 있고 폭넓은 이해가 있어야 한다.

다섯째, 신문을 유익한 교육 자료로 제작하여야 한다.

여섯째, 아동 중심적인 교사의 시각이 필요하다.

TIP 효과적인 NICE를 위한 10계명

1. 늘 새로운 것을 시도하려고 노력한다.
2. 수용적이고 자유로운 분위기를 유지한다.
3. 다양한 표현 경로로 표현할 수 있는 활동을 선택한다.
4. 아동의 가능성을 인정하고, 그들 중심으로 진행한다.
5. 흥미롭고 창의적으로 진행하고 유익하게 끝낸다.
6. 아동을 존중하되 적절하게 통제한다.
7. 신문이라는 매체가 아동과 늘 가깝게 있도록 한다.
8. 수준차를 고려하여 다양한 유형의 활동을 활용한다.
9. 충분한 워밍업을 실시한다.
10. 효과적인 발문과 추임새를 사용한다.

창의·인성 Work 7-1

신문으로 할 수 있는 활동들을 생각해 봅시다.

1) 신문지로 할 수 있는 일에는 무엇이 있을까요?

2) 신문 기사나 광고, 사진 등을 활용하여 할 수 있는 활동을 해봅시다.
(예: 부분 그림 완성, 분류, 서열화, 연상력, 시제 변화 등)

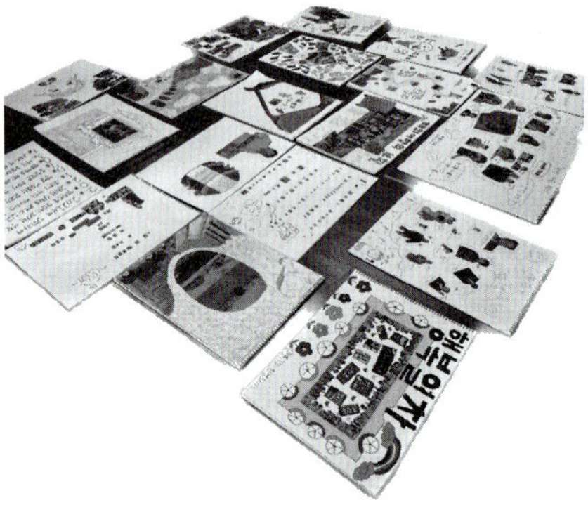

창의·인성 Work 7-2

카피라이터가 되어봅시다.

창의·인성 Work 7-3

카작은 나눔의 실천, 십시일반과 관련된 신문기사를 찾아봅시다.

창의·인성 Work 7-4

다양한 사회공헌활동 통해 지역사회 복지향상 기여

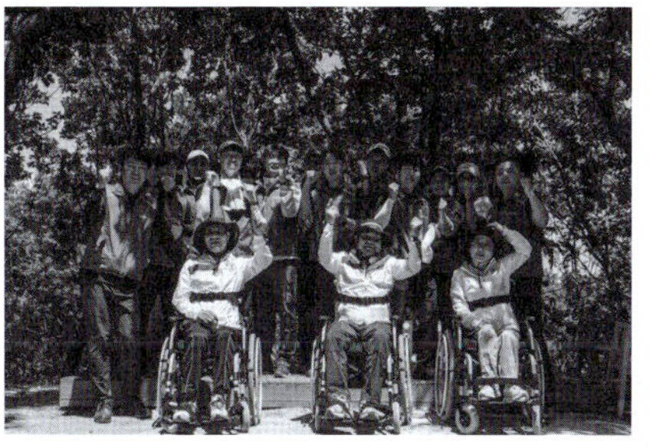

미래엔서해에너지 한마음봉사단과 달팽이산악회가 충남 아산시 영인산에서 기념촬영을 하고 있다. 충남서북부 5개 시 · 군(당진, 서산, 홍성, 예산, 태안)에 도시가스를 공급하는 미래엔서해에너지(박영수 대표이사)의 한마음봉사단은 지난 24일 충남 아산시 영인산에서 당진시장애인복지관의 휠체어 이용 장애인과 함께하는 달팽이산악회에 참여, 휠체어 산행 지원을 실시했다. 당진시장애인복지관에서 주관하는 달팽이산악회는 교통 및 접근성의 제한으로 산행을 할 수 없는 휠체어 이용 장애인을 위한 복지프로그램으로 휠체어 사용법 및 안전유의사항 등에 대한 교육 수료 후 산행안전요원 동행하에 진행됐다. 한편 미래엔서해에너지는 한마음봉사단 이외에도 충남도청을 비롯한 공급권역에 매년 1억5000만 원의 이웃돕기 성금을 기탁하고 있으며, 소외계층을 위한 에너지복지사업(연탄나눔, 노후보일러 무상교체, 타이머콕 무상보급 등), 교육기관 장학금 및 발전기금사업 등 다양한 사회공헌활동을 통해 지역사회 복지향상에 기여하고 있다.

출처: 에너지플랫폼뉴스(2022.05.26.).

(1) 산악회의 활동이 아름다운 이유는 자신을 희생해 다른 사람을 위해 봉사하는 진실한 모습 때문일 것입니다. 이를 바탕으로 아름다움의 기준을 육체적 아름다움과 정신적 아름다움으로 구분한 뒤 해당하는 사례를 찾아 정리해 보세요.

구분	사례
육체적 아름다움	
정신적 아름다움	

(2) 세상에서 가장 아름다운 모습을 생각한 뒤에 그 이유를 말해보세요.

세상에서 가장 아름다운 모습	가장 아름다운 이유를 설명하기

창의·인성 Work 7-5

**'장애인+비장애인' 어울림픽 3×3 휠체어농구대회 성료…
"스포츠의 매력은 똑같아"**

장애인과 비장애인이 함께 휠체어농구를 즐겼다. 승패는 나왔지만, 하나가 되어 축제를 즐긴 하루다. 대한장애인체육회와 KBS가 공동으로 주최하고, 대한장애인농구협회가 주관한 #WeThe15 2023 KBS배 어울림픽 3×3 휠체어농구대회가 22일 열렸다. 제주삼다수의 우승을 끝으로 성황리에 마무리됐다. 장애인의 날 계기 스포츠를 통한 장애 인식개선 #WeThe15 캠페인의 일환으로 진행된 이번 어울림픽대회는 올림픽공원 평화의문 광장에서 진행됐다.

출처: 스포츠서울(2023.04.24.).

- 자신이 농구대회에서 장애인과 짝이 된다면 시작 직전에 용기를 주기 위해 하고 싶은 말을 해보세요.

창의·인성 Work 7-6

연이은 청소년 자살…정신과의사회, 보호기관 설립 호소

이에 대한정신건강의학과의사회가 청소년을 위한 기관 설립과 법적 보완 장치의 필요성을 강조했다. 정신과의사회는 19일 성명을 통해 "최근 자살 생중계 및 타해 시도 후 자살 사건과 관련, 심리적 트라우마를 겪은 청소년들에게 큰 슬픔과 위로를 전한다."고 말했다. 의사회는 "한 청소년이 외국의 사례를 모방, 자살을 생중계했다는 점은 청소년의 자살 문제가 더 이상 개인의 문제가 아니라 사회의 문제"라며 "주변 청소년들은 충분히 애도 기간을 갖되, 감정을 표현하고, 나와 주변 사람들의 정신건강에 대해 돌아보는 계기가 되기를 바란다"고 말했다. 이어 "다른 청소년은 동급생에게 타해를 가하고 극단적인 선택을 했다. 청소년의 자살은 주관적 동기가 분명하고, 복수심으로 비롯되는 경우가 많다"며 "청소년의 우울증은 단순 우울감보다는 짜증, 충동성, 분노 등이 동반된 경우가 더욱 흔하기에 적절한 치료를 통해서 이런 증상이 잘 조절되었더라면 자기와 타인을 더 잘 지킬 수 있지 않았을까 하는 안타까움이 있다"고 설명했다. 특히 청소년은 또래 집단의 기준을 중요시하며, 곁에 있는 사람들과의 상호작용을 통해서 성장하고 자기 가치관을 형성한다는 것이 의사회의 설명이다.

해당 사건을 접한 청소년들이 모방 행위를 하지 않도록 사후 예방이 앞으로 중요하며, 청소년들이 어려움을 겪을 때 학교나 부모가 아닌 기관에서 마음껏 비밀을 털어놓고 상의를 할 수 있는 체계가 시급하다는 주장이다. 다만 의사회는 부모의 동의 없는 청소년의 정신과 진료가 의료법과 민법에 상충되는 측면이 있다며, 상담을 비롯한 추후 처방이 원활히 이뤄지기 위해서는 이 부분에 대한 해결이 필요하다고도 덧붙였다. 의사회는 "저출산 문제와 인구 감소를 해결하려면 출산 장려 에만 몰두할 수는 없다. 지금 자라나고 있는 청소년의 생명을 소중히 잘 지키는 것이 어쩌면 더 중요하다"며 "청소년을 위한 정신건강기관의 설립, 지역의 정신건강의학과와의 협조체계의 마련이 절실하다. 이러한 청소년의 어려움을 배려하고, 법적이나 비용문제에서 보완할 수 있는 체계가 필요하다"고 말했다. 앞서 의사회는 2022년 대선 당시 대통령 직속의 청년의 미래를 위한 자문기구를 설립해 각계각층의 전문가 참여를 이끌어야 한다고 강조한 바 있다. 의사회는 "또래들이 서로를 돌보며 예방 역할을 할 수 있고 전체적으로 자살 위험에 대해서 선별할 수 있는 1차적 사전 예방, 고위험군 청소년들이 상담을 받고 적절한 치료를 받을 수 있는 기관 마련과 법적인 체계의 확립을 통한 2차적 예방, 자해나 또래의 사건 사고가 발생하였을 때 다른 청소년들이 영향을 덜 받을 수 있는 3차적 사후 예방의 체계가 설립되기를 희망한다."라며 "이런 과정에서 대한정신건강의학과의사회는 전문가로서의 역할을 충실히 하여 협조할 것"이라고 말했다.

출처: 메디칼업저버(2023.04.19.).

• 생명의 소중함을 일깨우기 위한 자신의 생각을 말해 보세요.

02 스토리텔링을 적용한 창의 · 인성교육

1) 스토리텔링의 개념

스토리텔링은 효과적인 커뮤니케이션을 위해 이야기를 구성하고 전달하는 기술이다. 스토리텔링은 강력한 도구로써, 사람들이 이해하기 쉽고 기억하기 쉬운 이야기를 통해 정보를 전달하고, 감정을 공감하고, 아이디어를 전달하며, 관계를 형성할 수 있도록 도와준다.

스토리텔링은 다음과 같은 구성 요소를 포함한다.

캐릭터: 이야기의 주인공이나 인물
플롯: 이야기의 구성과 흐름
설정: 이야기의 배경과 시간
주제: 이야기가 전달하고자 하는 메시지나 테마

스토리텔링은 시대를 초월하며 인간의 본성에 깊이 자리 잡은 전통적인 예술이지만, 현대에는 비즈니스, 마케팅, 교육 등 다양한 분야에서 활용되고 있다. 이는 스토리텔링이 보다 쉽게 정보를 전달하고 사람들의 관심을 끌어내며, 그들의 감정과 인간적인 면을 공감시킬 수 있는 도구이기 때문이다.

2) 스토리텔링의 교육적 의의

스토리텔링은 이야기를 해주는 사람과 듣는 사람 사이에 의사소통이 일어나기 때문에 여러 측면에서의 교육적 가치가 있다.

첫째, 관심을 유발한다.

스토리텔링은 사람들의 관심을 끌어내는 능력이 뛰어나기 때문에, 교육적인 측면에서도 매우 유용하다. 스토리를 통해 아동의 호기심과 참여도를 높일 수 있다.

둘째, 기억에 남게 만든다.

스토리텔링은 정보를 쉽게 이해하고 기억할 수 있게 만들어준다. 이는 아동이 새로운 개념과 정보를 더 쉽게 이해하고, 이를 장기적으로 기억할 수 있도록 도와준다.

셋째, 감정적인 연결을 형성한다.

스토리텔링은 이야기를 통해 감정적인 연결을 형성하는 데 매우 유용하다. 아동은 이야기를 들으면서 자신의 경험과 연결할 수 있으며, 이를 통해 새로운 개념과 정보를 더 쉽게 받아들일 수 있다.

넷째, 문제해결 능력을 향상시킨다.

스토리텔링은 이야기 속 주인공이나 캐릭터들이 당면한 문제를 해결하며 성장하는 과정을 통해 아동이 문제해결 능력을 배우고 향상시킬 수 있다.

창의·인성 Work 7-7

2023년의 홍길동전으로 이야기를 다시 바꾸어 봅시다.

창의·인성 Work 7-8

다음 명화를 보고 패러디하여 '환희'로 재구성해 봅시다.

〈절규 The Scream〉 (1893) 뭉크

창의·인성 Work

03 코칭을 적용한 창의·인성교육

1) 코칭의 의미

TIP 코칭이란 무엇일까?

한국코치협회. 코칭이란 무엇일까?
https://youtube.com/watch?v=CJJgYsHD76g&feature=share

코칭에 대한 다양한 정의를 살펴보면 다음과 같다.

- 코칭은 팀원 스스로 문제해결을 위한 답을 찾고, 변화를 추구하도록 돕는 과정이다.
- 코칭은 경청을 기반으로 질문하고 피드백함으로써 구성원 스스로 해결책을 찾도록 지원하는 활동이다.
- 코칭은 코치가 파트너, 지원자가 되어 코칭받는 사람과 지속적인 협력관계를 통해 코칭받는 사람의 잠재능력을 극대화시켜 성장할 수 있도록 돕는 것이다.

TIP 코칭과 유사한 영역

- 멘토링은 전문적인 지식과 지혜를 가진 사람이 이것을 필요로 하는 사람에게 전달하는 것
- 교육은 이미 알고 있는 것을 확장하고 몰랐던 지식과 기술을 가르치는 것
- 상담은 과거부터 현재에 이르기까지 직면하고 있는 문제를 해결하도록 돕는 것
- 컨설팅은 컨설턴트가 문제에 대한 답을 제시하여 지원하는 것

2) 창의 · 인성함양을 위한 코칭적용의 필요성

코칭은 삶을 격려하고 동기를 부여함으로써 사람들이 스스로 성장하도록 돕는 것으로 각 개인을 발전할 수 있도록 돕고 잠재적 가능성에 도달하게 하는 역할을 한다(도미향 · 한민아, 2021).

창의 · 인성함양에 코칭의 적용은 자기인식 및 의사소통에 관한 역량 강화와 성장을 지원하고 삶을 격려하고 동기를 부여함으로써 사람들이 스스로 성장하도록 돕고 잠재적 가능성에 도달하게 하는 역할을 하여 효과를 높일 수 있다(도미향 · 채경선, 2006). 교사에게 코칭을 적용한다는 것은 교사의 마음가짐을 통해 자신과 아동에 대해 깊은 통찰을 하게 되고, 이를 통해 아동의 성장을 지원하는 지속적이고 체계적인 행동변화를 가져올 수 있다(한민아, 2020). 코칭역량을 가진 개인은 관찰, 분석, 피드백, 관계, 질문, 의사소통, 목표설정, 새로운 관점에서 스스로 문제를 해결할 수 있도록 지원하는 것이기에(김명지, 2015), 코칭을 통해서 키워지는 역량은 급변하는 사회에서 문제를 해결하고, 목표 수립과 성과를 내는 유연한 인재로서의 역량을 개발하는 것이라고 할 수 있다.

3) 코칭 패러다임

패러다임은 인간이 주변 세상을 지각하고, 이해하며, 해석하는 방식으로 '세상을 보는 틀'을 말한다. 사람은 자신이 보고 싶은 것을 보게 된다. 사람은 사실을 보는 게 아니라 자신이 본 것을 사실이라고 생각한다. 따라서 새로운 환경 변화에 스스로 적응시켜 나가기 위해서는 패러다임 전환이 필요하다.

코칭 패러다임은 인간을 정체되어 있는 존재가 아니라 끊임없이 발전할 수 있는 가능성을 지닌 존재로 보고, 주어진 환경 속에서 나와 상대의 신뢰를 바탕으로 양방향 의사소통을 통해 목표를 향해 나아가는 파트너십 과정으로 본다. 코칭은 상대방이 스스로 문제를 깨닫고 자신에게 맞는 해결책을 발견할 수 있도록 도움을 주는 '상대방 중심'의 패러다임이다.

창의·인성 Work 7-9

부정적인 언어를 상대 중심의 패러다임을 이용해 긍정적인 언어로 바꿔봅시다.

〈패러다임 연습〉

왜 그렇게 느리니?	
왜 그렇게 빨라?	
왜 그것만 계속 보냐?	
왜 친구를 못살게 구니?	

4) 코칭기술

'모든 사람에게는 무한한 잠재력과 가능성이 있으며, 누구나 내면에 창의적이고 변혁적인 해답을 가지고 있다'는 코칭철학처럼 사람들은 누구나 가능성과 잠재 능력을 갖고 있다는 전제에서 코칭은 출발한다. 이러한 코칭철학을 기반으로 한 코칭기술은 인성교육의 다양성을 보완하고 인성교육의 도구로써 활용될 수 있다.

① 경청

경청(傾聽)은 귀를 기울여 듣는다는 뜻으로 몸과 마음을 다해 주의 깊게 집중해서 듣는 것을 말한다. 경청은 듣기뿐만 아니라, 귀를 기울이는 자세와 이해하고 해석하는 모든 것을 포함한다. 진정한 경청은 상대의 마음을 이해하고 공감함으로써 상대가 내면의 깊은 이야기를 할 수 있도록 해야 하며, 상대가 존중받고 있음을 느낄 수 있도록 올바른 시선과 함께 호응하는 태도까지 갖추고 있어야 한다.

② 질문

객관적 지식을 전달하는 데에는 티칭(teaching)이 효과적일 수 있으나, 내면의 변화에는 한계가 있다. 사람의 태도, 미래설계, 열정, 인간관계 등과 같은 주관적 지식에 대한 사람의 변화는 코칭의 효과가 크다.

코칭에서의 질문은 단순 의사소통의 차원을 넘어 스스로 생각하게 하고 계획하게 하며 행동을 결단하게 하는 특성을 지니고 있다. 코칭에서의 질문은 내면의 답을 이끌어 문제해결의 가능성을 도출할 수 있다. 코칭적 질문은 자신의 내면을 탐색하게 하고 뇌를 깨워 생각하게 한다. 코칭적 질문이란 추궁하는 듯한 부정 질문보다는 가능성의 긍정 질문으로, '예, 아니오'로 대답하는 닫힌 질문보다는 생각을 이야기할 수 있는 열린 질문이 주로 사용된다.

창의·인성 Work 7-10

두 명씩 짝을 지어 한 사람이 휴대폰에 저장된 사진 하나를 선택하여 설명하고 다른 한 사람은 설명을 듣고 그림을 그려봅시다.

③ 피드백(feedback)

모든 인간관계의 중심에는 소통이 있으며, 그 핵심에는 피드백이 있다(Williams, 2004). 피드백(feedback)은 어떤 행동에 대해 일정 시간이 지난 후에 그 과정과 결과를 평가하는 것으로 잘한 점과 부족한 점, 개선할 점 등을 찾아서 다음 계획에 반영하여 더 좋고 올바른 방향으로 성장할 수 있도록 도움을 준다. 피드백은 이미 잘한 행동과 성과를 더 잘할 수 있도록 촉진하는 역할을 하며, 행동의 변화를 통해 추구하고자 하는 목표와 변화를 가속화시키고 발전적 행동을 지속할 수 있도록 돕는 역할을 한다(한민아, 2020).

창의·인성 Work 7-11

다음 질문을 코칭식 질문으로 바꿔봅시다.

〈질문 바꾸기 연습〉

하지 않은 이유가 무엇인가요?	예) 무엇 때문에 그것을 하고자 합니까?
이번에도 실패할 것이라고 생각하십니까?	예) 무엇을 다르게 하면 이번에 성공할 수 있을까요?
문제가 무엇입니까?	
무엇 때문에 안 되고 있습니까?	
혼자 하기 어렵다는 말씀입니까?	

창의·인성 Work 7-12

나는 이런 사람!

진정성	신뢰	헌신	책임	긍정	성실	나눔	친절
겸손	신앙/믿음	공감	행복	인정	공정성	소신	감사
배려	사려 깊음	인내	조화로움	조력	경외심	명예	존경
용서	자원봉사	몰입	중용	우정	너그러움	창의성	유연성
도전	열정	혁신	변화	다양성	끈기	정의	한결같음
효과성	효율성	독립성	아름다움	목적의식	배움	열정	성취
탁월함	깨끗함	성장	여유	통찰	지혜	근면	평온함
풍요	평화	균형	모험	협력	충성	지위	공동체
자율	재치	규율	경제력	건강	유산	즐거움	용기
영향력	고요함	소통	놀이	실천	이상	가족	사랑

1. 나를 나타내는 단어 3개를 선택한다.
2. 주변의 나를 아는 지인에게 3개의 단어를 받는다.
3. 1번과 2번의 단어들 중 3개를 선택하여 자기를 표현하는 문장을 만든다.

예) 나 ○○○는(은) ______________________________한 사람이다.

창의·인성 Work 7-13

누군가의 행동 중 마음에 들지 않는 어떤 상황을 떠올려보고 그 상황에 대하여 다음과 같은 방식으로 말해봅시다.

나(I)를 주어로 말을 시작한다.

나에게 불편함을 주는 상대방의 행위(Do)를 말하고,

그로 인한 자신의 감정을 솔직하게 말하며,

그것이 나에게 어떤 영향을 주는지 그 이유를 말해준다.

④ 인정 · 칭찬

인정은 상대의 실천적 행동을 이끌기 위해 격려하고 지지하는 기술을 뜻한다. 인정은 결과보다는 과정에 초점을 맞추며, 상대가 노력하고, 기여하고, 학습한 것을 있는 그대로 인정하는 것을 말한다. 작은 성공이라도 이에 대한 인정하기는 자존감과 유능감을 형성하며, 과정에 대한 노력을 인정할 때 상대는 최선을 다할 뿐만 아니라 도전하고자 하는 근성을 갖게 된다(한민아, 2020).

인정이 존재에 관한 긍정적인 반응이라면, 칭찬은 행동에 대한 긍정적인 반응으로, 인정은 잘하려고 노력하는 과정에 대해서 그 마음을 알아주는 것이고, 칭찬은 잘 한 결과에 박수쳐 주는 것이다.

창의·인성 Work 7-14

인정 · 칭찬

1. 내 생애 최고의 찬사로 기억되는 말을 쓰고 그때의 상황과 그 말을 들었을 때의 감정과 행동에 대해 적어봅시다.

2. 그룹 원에게 칭찬의 말을 선물해봅시다.

창의성교육과 인성

참고문헌
Reference

강주희(2016). Art Star Korea를 통해 본 동시대 예술가의 역량과 자질에 대한 소고: 창의 · 융합교육의 관점을 중심으로. **미술과 교육**, 17(4), 43-60.

강충열, 김경철, 신문승, 한상우(2017). **창의·인성 교육의 이론과 실제**. 서울: 학지사.

고미숙(2007). 여성의 모성경험 분석을 통한 배려교육의 재음미. **도덕윤리과 교육**, 25, 151-180.

교육과학기술부(2010). 초등학교 도덕 교사용 지도서. 서울: 천재교육: 지학사.

교육과학기술부(2011). 유치원 기본과정 내실화를 위한 인성교육 프로그램.

교육과학기술부(2014). 초등학교 교사용 지도서 창의적 체험활동. 서울: 미래엔.

교육부(2015). 인성교육 5개년 종합계획. 교육부.

국립국어원(2016). 표준국어대사전(http://stdweb2.korean.go.kr).

권금홍(2008). 창의성 신장을 위한 전래동화 지도방안 연구. 대구대학교 교육대학원 석사학위논문.

김경은, 김숙령(2001). **유아 창의성 교육의 이론과 실제**. 서울: 교육아카데미.

김동훈(2013). **맛있는 창의성 놀이**. 서울: 한언.

김명지(2015). 대학생을 위한 코칭역량 척도 개발. 남서울대학교 석사학위논문.

김명철 역(2006). **새로운 미래가 온다**. 서울: 한국경제신문.

김상윤(2006). **유아 창의성 교육과 진단**. 경기: 공동체.

김소연(2016). 초등학생이 지각한 부모의 공감능력과 아동의 공감능력 및 타인존중 태도와의 관계: 자아존중감을 매개로. 한양대학교 교육대학원 석사학위논문.

김애경, 남주헌, 서미라, 유홍택, 함순예, 홍길회(2015). **창의교육학**. 서울: 아트하우스출판사.

김옥연(2012). 유아 무용의 창의성 발달을 위한 심상 프로그램 연구. 세종대학교 대학원 석사학위논문.

김응자, 도미향, 정미현(2020). **창의성과 코칭**. 서울: 신정.

김진용, 남주헌, 박경영, 손상철, 이해권, 조성태, 홍길회(2015). **창의적 문제해결기법**. 서울: 아트출판사.

김춘일(2000). **유아를 위한 창의성 교육**. 경기: 교육과학사.

김형재, 구성수, 김형숙, 김병만, 이종길, 김경숙, 심민서, 허수윤, 김경은, 홍순옥(2015). **유아교사를 위한 창의·인성교육의 이론과 실제**. 서울: 학지사.

김혜지(2012). 명화감상 프로젝트 접근법이 유아의 창의성 발달에 미치는 효과. 국제대학교 대학원 석사학위논문.

남주헌(2017). **생각의 숲에서 길을 찾다**. 서울: 아트하우스출판사.

다카하시 마코토 편(2006). **창조력 사전** (조경덕 역). ㈜매경출판.

도미향, 채경선(2006). 부모자녀관계 코칭기법 적용을 위한 기초연구. **부모교육연구**, 3(2), 69-89.

도미향, 한민아(2021). 초등교사의 코칭역량 척도 개발 연구. **코칭연구**, 14(3), 75-103.

문용린, 최인수(2010). **창의·인성 교육 활성화 방안연구**. 서울: 한국창의과학재단.

문정화, 하종화(1999). **또 하나의 교육 창의성**. 서울: 학지사.

박경종, 강마리아(2021). **4차산업혁명시대 핵심역량**. 서울: 동문사.

박은좌(2004). 프로젝트 활동과정에서 나타나는 유아의 창의적 사고의 양상. 경남대학교 대학원 석사학위논문.

박진희(2014). 유아 인성교육에 대한 교사 인식의 개념도 연구. 신라대학교 일반대학원 박사학위논문.

박찬옥, 서동미, 엄은나(2013). **유아사회교육**. 경기: 정민사.

박채형(2022). 제4차 산업혁명에 대비한 교육과정의 방향과 교사의 미래: 초등교육의 정체성을 찾아서. **학습자중심교과교육연구**, 22(5), 1-17.

박태연, 하수연(2003). **엄마의 창의성 계발**. 서현사.

사이언스타임즈(2017). www.sciencetimes.co.kr

서미라, 김애경(2015). 창의성 향상을 위한 창의적 디자인도출 교수학습법 적용사례, **한국콘텐츠학회논문지**, 15(3), 448-457.

서현아, 허수윤, 안세훈(2014). 유아용 TRIZ 프로그램 개발을 위한 기초 연구: 누리과정을 중심으로. 한국TRIZ학회 포스터발표.

송명자(1995). 정직성의 본질과 정직성 교육에 관한 고찰. **한국청소년연구**, 21, 33-46.

신원애, 정상녀(2016). **유아교과논리 및 논술**. 서울: 창지사.

양미경(2020). 대학생 인성교육을 위한 코칭역량프로그램의 효과성 분석. **코칭연구**, 13(2), 93-103.

양윤정(2001). 동시 짓기 활동이 유아의 창의성에 미치는 영향. 한국외국어대학교 대학원 석사학위논문.

오영희, 이춘희, 김혜자, 이성제, 최미숙(2008). 유아교육기관 교사의 직무만족도에 관한 연구: 자아상태와 스트로크를 중심으로. **유아교육학논집**, 12(2), 381-400.

유병열(2008). **도덕교육론**. 경기: 양서원.

윤종건(1996). **창의력의 이론과 실제**. 경기: 원미사.

육아정책연구소(2015). 영유아교사 인성 평가도구 개발 및 교육 강화 방안. 연구보고 2015-27.

이경민, 우민정, 이혜경, 이은영(2018). **보육교사인성론**. 경기: 정민사.

이경화, 박창희, 배희라(2021). AI시대 적응을 위한 대학생의 미래창의융합역량 분석. **평생교육, 17(1), 61-79.**

이경화, 유경훈(2014). 창의·인성교육이 초중등 학생들의 창의성과 자아개념 향상에 미치는 효과. **창의력교육연구. 14(1), 1-16.**

이남진 역(2015). **창의력 교육 어떻게 할 것인가**. (앨런 조던 스타코 저). 서울: 한언.

이소희(2010). **매일 멋진 부모 매뉴얼**. 경기: 한국영리더십센터.

이소희(2020). 대학생의 자기주도학습능력, 자기 효능감, 의사소통능력, 창의융합역량 간의 구조적 관계. 백석대학교 기독교전문대학원 박사학위논문.

이신동 외 13인(2016). **유아창의성교육**. 경기: 양서원.

이지영(2012). 어머니의 양육태도와 유아의 자아개념 및 창의성과의 관계 연구. 숭실대학교 대학원 석사학위논문.

이희영, 최영미, 김문전, 윤미숙(2016). **유아인성교육의 이론과 실제**. 서울: 학지사.

임선하(2005). **창의성에의 초대**. 서울: ㈜교보문고.

전경원(2008). **창의성교육의 이론과 실제**. 서울: 창지사.

전경원(2020). **유아 창의성 교육**. 경기: 정민사.

전경원과 서봉 창의성개발 연구소(2003). **신문을 이용한 창의성 교육**. 서울: 창지사.

전재선(2013). 예비유아교사 인성교육프로그램 모형개발. **한국보육학회지, 13(4), 305-327.**

전재선, 최종욱(2012). 유아교사 인성 자기평가도구 개발에 관한 연구. **보육학회지, 12(1), 149-174.**

정두희(1999). **꼼짝 마라! 창의성**. 서울: 창지사.

정문성, 최상희, 심옥령, 권영부(2013). **신문으로 하는 인성교육**. 경기: 교육과학사.

정창우(2016). **인성교육의 이해와 실천**. 경기: 교육과학사.

정창우, 손경원, 김남준, 신호재, 한혜민, 양해성, 김하연, 하영근(2013). **학교급별 인성교육 실태 및 활성화 방안**. 세종: 교육부.

조규성(2017). **인성교육, 숲에서 길을 찾다**. 서울: 교육아카데미.

조성민(2003). **NIE 탐구 공동체**. 경기: 교육과학사.

조연순, 정신숙, 이혜주(2008). **창의성교육**. 이화여자대학교 출판부.

조주연(2001). 뇌과학에 기초한 창의성교육의 원리와 방향. **학생생활연구, 27.** 서울교육대학교 학생생활연구소.

조해숙(2000). 유아 NIE의 이론과 실제. 경기: 양서원.

창의인성교육문화협회(2015). 창의교육지도사교재 1, 2. 서울: 아트출판사.

천세영, 김왕준, 성기옥, 정일화, 김수아(2012). 인성교육 비전 수립 및 실천 방안 연구(정책연구 2012-41). 서울: 교육과학기술부.

최경(2010). 그림책에 기초한 창의극 프로그램의 개발 및 유아의 창의성에 미치는 효과. 성균관대학교 대학원 박사학위논문.

최미곤, 황인옥(2016). 보육교사의 인성과 직무만족도가 교사-영유아 상호작용에 미치는 영향. 사회과학 담론과 정책, 9(2), 169-197.

최상덕(2007). OECD 고등교육 보고서 평가와 정책대안 모색. 한국교육개발원 연구보고서.

하주현(2000). 아동기에서 청년기까지의 창의적 인지와 창의적 인성의 발달 경향 연구. 성균관대학교 대학원 박사학위논문.

한국과학창의재단(2014). 배려와 나눔을 실천하는 창의인재 육성을 위한 창의 · 인성교육 총론적 고찰.

한국교육학회(2001). 인성교육. 서울: 문음사.

한국영재교육학회(2016). 유아 창의성 교육. 경기: 양서원.

한민아(2020). 초등교사의 코칭역량 척도 개발 연구. 남서울대학교 대학원 박사학위논문.

한순미, 김선, 박숙희, 이경화, 성은현(2005). 사람, 환경, 전략: 창의성. 서울: 학지사.

한유미(2018). 예비교사를 위한 창의적 논리 논술. 경기: 어가.

현주 · 이혜영 · 한미영 · 서덕희 · 류덕업(2013). 초 · 중등학생 인성교육 활성화 방안 연구(Ⅰ)-인성교육 진단 및 발전 과제 탐색. 서울: 한국교육개발원.

홍길회(2018). 유아교사를 위한 창의성 교육의 실제. 경기: 정민사.

홍길회(2019). 유아의 창의성과 사회성과의 관계. 동남보건대학교논문집, 37(2), 17-26.

홍길회, 김경미(2018). 대인관계 증진프로그램을 통한 유아교사의 대인관계 역량의 변화. 한국육아지원학회. 13(1), 245-269.

홍길회, 김명연(2018). 예비·현장교사를 위한 유아사회교육의 실제. 경기: 정민사.

홍길회, 정미자(2023). 영유아교사인성론(제2판). 서울: 동문사.

홍길회, 최정화(2023). 새로운 시대 보육학개론. 서울: 동문사.

홍길회, 한성희(2019). 교사와 부모가 알아야 할 영유아 발달. 경기: 정민사.

Amabile, T. M.(1989). *Growing up creative: Nurturing a lifetime of creativity*. Bufflo, N.Y.: Creative Education Foudation.

Amabile, T. M.(1996). *Creativity in context*. Boulder, Colorado: Westive Press, Inc.

Amabile, T. M., & Gryskiewicz, N. D.(1989). Creative human resources in the R&D laboratory: How environment and personality affect innovation. In Robert

Kuhn(Ed.), *Handbook for creative and innovative managers*, 501-523. New York: McGraw-Hill.

Csikzentmihaly, M.(1996). *Creativity: Flow and the psychology of discovery and invention*. NY: Harper Collins.

Davis, G. A.(1998). *Creativity is forever*. Dubuque, IQ: Kendall/Hunt Publishing Company.

Feldhusen, J. F., & Treffinger, D. J.(1986). *Creative thinking and problem solving in gifted education*. Dubuque, Iowa: Kendall/Hunt.

Feldhusen. J. F., & Treffinger, D. J.(2003). **교사를 위한 창의적 문제해결**. (전경원 편역). 서울: 창지사(원본 발간, 1994).

Gardner, H.(1993). *Creating Minds: An anatomy of Creativity Seem Through the Lives of Freud, Einstein, Picasso, Stravinsky, Eliot, Graham., and Gandi*. New York: Harper collins Publishers.

Gardner, H.(1999). *Intelligence Reframed*, (문용린 역, 2002). **다중지식-인간지능의 새로운 이해**. 경기: 김영사.

Guilford, J. P.(1956). Structure of intellect. *Psychological Bulletin, 53*, 267-293.

Isenberg, J. P., & Jalongo, M. R.(1993). *Creative Expression and Play in the Early Child Curriculum*. NY: Macmillan Publishing Company.

Lickona, T.(2001). Reclaiming Children and Youth. *Bloomington, 9*(4), 239-251.

Lubart, T. I.(1994). Creativity. In Stenberg. R. J.,(ed), *Thinking and Problem Solving*. Academic Press, CA, 169-378.

MacKinnon, D.(1978). *In search of human effectiveness: Identifying and developing creativity*. Buffalo, NY: Creative Education Foundation Press.

Mihaly Csikszentmihalyi.(1996). **창의성의 즐거움**. 서울: 북로드.

Mi-Ra, Seo, & Ae-Kyung, Kim(2014). Suggestion of Teaching-Learning Methods to Cultivate Creative Design Capacities. *International Journal of Contents, 10*(2), 42-46.

Osborn, A. F.(1984). **창의력 개발을 위한 교육**. (신세호 외 역). 경기: 교육과학사(원본 발간, 1969).

Pink, D.(2006). *A whole new mind: Moving from the information age to the conceptual age*. **새로운 미래가 온다**. (김명철 역). 한국경제신문 한경BP.

Robert J. Sternberg(2004). **지혜, 지능 그리고 창의성의 종합**. (김정희 역). 서울: 시그마프레스

Robert J. Sternberg, & Wendy M. Williams(2010). **교육심리학** (제2판). (김정섭, 신경숙, 유 순화, 이영만, 정명화, 황희숙 역). 서울: 시그마프레스.

Rosenberg, Marshall B.(2004). **비폭력대화**. (캐서린 한 역, 2011). 서울: 바오출판사.

Schwab(2016). The fourth industrial revolution: What it means and how to respond. Foreign Affairs.

Starkweather, E. K.(1971). Creativity Research Instruments Designed for Use with Preschool Children. *The journal of Creativity behavior,* 5(4), 245-255.

Sternberg, R. J, & Lubart, T. I.(1996). Investing in creativity. *American Psychologist, 51*, 677-682.

Sternberg, R. J.(2003). Creative thinking in the classroom. *Scandinavian Journal of Educational Research, 47*(3), 325-38.

Torrance, E. P.(1981). Empirical validation of criterion-referenced indications of creative ability through a longitudinal study. *The Creative Child and Adult Quarterly, 6*(3), 136-140.

Torrance, E. P.(1995). Insights about creativity: Questioned, rejected, rediculed, ignored. *Educational Psychology Review, 7*(3), 313-322.

Torrance, E. P.(1998). Torrance tests of creative thinking: Norms-Technical Manual-Figural (Streamlinded) Forms A & B. Scholastic Testing Service Inc.

Von Oech, R.(1983). *A Whack of the side of the head.* New York: Warner Communications.

Warren, H. C.(1934). *Dictionary of psychology*. Boston, New York: Houghton Mifflin Company.

Williams(2004). Tell me how I'm doing: A fable about the importance of giving feedback, Amacom Books.

저자소개

홍길회

연세대학교 아동가족학과 졸업(학사)
연세대학교 대학원 아동가족학과(석사)
Gregorio Araneta University 교육경영학과(박사)
현: 동남보건대학교 유아교육과 교수

저서: 유아교육기관 운영관리 / 유아다문화교육 /
영유아발달 / 아동문학과 동화구연 /
영유아 건강교육 제3판 / 아동관찰 및 행동연구 제2판 /
영유아를 위한 수학교육 제2판 / 가족관계의 이해 /
영유아교사인성론 제2판 / 사회교육의 실제 / 창의성교육의 실제 /
부모상담 / 부모교육 등

한민아

남서울대학교 코칭학과 졸업(석사)
남서울대학교 대학원 코칭학과(박사)
현: TNG코칭연구소 소장
남서울대학교 겸임교수
한국복지사이버대학 외래강사
동남보건대학교 겸임교수

창의성교육과 인성

초판 1쇄 인쇄 / 2023년 5월 19일
초판 1쇄 발행 / 2023년 5월 24일

•

저 자 / 홍길회·한민아
발행인 / 이 중 수
발행처 / **동 문 사**

•

서울특별시 서대문구 홍제원 1길 12
(홍제동 137-8)
Tel: 02)736-3718(대), 736-3710, 3720
Fax: 02)736-3719
등록번호: 1974.04.27. 제9-17호
가격: 24,000원

•

ISBN: 979-11-6328-519-9 (93370)
E-mail: dong736@naver.com
www.dongmunsa.com